HERVÉ BÉNONY
Professeur de psychologie pathologique et clinique
Directeur de laboratoire de psychologie clinique et sociale (LPCS)
Université de Bourgogne (Dijon)

LE DÉVELOPPEMENT DE L'ENFANT ET SES PSYCHOPATHOLOGIES

NATHAN

Dans la même collection :

Conception de couverture : Noémi Adda
Conception graphique intérieure : Agence Média

ISBN 2-09-190349-3

SOMMAIRE

AVANT-PROPOS

Ce livre est un manuel d'introduction aux connaissances actuelles sur le développement des conduites, des grandes fonctions et des troubles concomitants généralement observés chez l'enfant. Après un premier chapitre présentant brièvement *les méthodologies, modèles et démarches* adoptés dans ce domaine, seront exposés, dans un deuxième chapitre, *les apports conceptuels* qui permettent de comprendre *la dynamique de ce développement.* Les troisième, quatrième et cinquième chapitres s'attacheront à décrire respectivement *le développement et les troubles cognitifs, relationnels et sexuels, le développement et les troubles des habiletés motrices et des fonctions psychomotrices,* puis *le développement et les troubles des grandes fonctions* que sont le sommeil, l'alimentation, le langage.

Le développement des fonctions biopsychosociales et les troubles psychiques sont envisagés, dans cet ouvrage, en considérant les actions conjointes des facteurs biologiques, affectifs, cognitifs, sociaux et inconscients, qui contribuent à façonner le petit d'homme comme un être original et unique.

J'ai voulu montrer, à travers cette présentation, l'intérêt d'une « approche intégrée[1] » en proposant à l'étudiant des connaissances de base sur le développement, sur les pathologies du développement et sur les différents modèles du développement normal et pathologique en psychologie, tout en spécifiant leurs particularités méthodologiques, conceptuelles et épistémologiques[2]. Ce

---

1. L'*approche intégrée* essaie, selon H. Beauchesne et B. Gibello (1991), de « rendre compte de tout ce qui concerne le sens et la signification en pathologie : elle va de la neuropsychologie à la psychosomatique, en passant par les catégories les plus familières de la névrose, de la psychose et des dysharmonies d'évolution. Elle s'applique aussi aux perturbations des processus d'acquisition, aux pertes et aux déformations des apprentissages ». Ces deux auteurs précisent que « tout symptôme, que tout syndrome et que toute maladie procèdent à la fois de relations causales et de relations sémiotiques […] le symptôme peut avoir une cause, mais en outre, il peut avoir un sens, pour le malade lui-même, voire pour son entourage, et ce sens procède d'autres phénomènes que ceux qui déterminent les relations de cause à effet » (p. 54).
2. L'*épistémologie* est l'étude critique des sciences destinée à déterminer leur origine logique, leur valeur et leur portée; elle permet une réflexion sur les méthodes employées dans ce domaine.

travail ne peut cependant pas être exhaustif, tant ce champ de la clinique du développement, à la fois vaste et complexe, est en perpétuel remaniement et en exploration continuelle.

Actuellement, le recours à un modèle plurifactoriel de compréhension des faits est de plus en plus utilisé par les psychologues. Il est utile d'insister sur la question sous-jacente de l'interprétation des données cliniques pour souligner qu'elle n'est pas seulement universitaire, mais qu'elle demeure fondamentalement l'axe majeur de la pratique clinique.

Je souhaite toutefois préciser que cet ouvrage ne constitue pas un exposé nosographique en psychologie pathologique ni un essai de psychopathologie au sens courant du terme. L'étude des grands syndromes (chez l'enfant on parle plutôt de modes d'organisation) tels que les névroses, les psychoses ou les états-limites n'y est pas abordée ; n'y figurent pas non plus les discussions afférentes aux différents plans ou niveaux d'observation qui émaillent le travail du psychopathologue face aux symptômes, au fonctionnement intrapsychique, aux hypothèses structurelles, aux diagnostics et pronostics.

Je tiens à exprimer toute ma gratitude à mon épouse, Christelle Bénony, qui a lu ce document avec attention et dont les critiques m'ont servi à préciser des concepts clés.

1

MÉTHODOLOGIES, MODÈLES ET DÉMARCHES

> « On ne répétera jamais assez que nous sommes psychologues (dès la prime enfance) avant d'être des psychologues : expérimentalistes, cliniciens, etc. En fin de compte, pour édifier notre science, on part du quotidien, de la psychologie quotidienne, puis on s'en éloigne pour des démarches de plus en plus complexes, pour revenir éventuellement à l'explication du quotidien. »
>
> René Zazzo (1981)[1]

Les connaissances sur le développement de l'enfant émanent des études scientifiques menées par des psychologues, des psychiatres, des psychanalystes. La démarche scientifique utilise des cadres d'étude variés et, sur ce plan, il existe une différence fondamentale entre science de l'homme et science de la nature. En effet, la **relation** qui s'instaure entre le **chercheur** et son **objet d'étude** l'oblige à considérer, par exemple, l'action que l'un peut avoir sur l'autre et qui vient ainsi modifier, parfois de façon décisive, l'état de départ soit du chercheur, soit de l'objet. C'est ce qui peut se présenter dans le cadre des interactions précoces mère-bébé ou dans le cadre de la dynamique transféro-contre-transférentielle[2] lors de la cure psychanalytique ou des psychothérapies. Le chercheur est en relation avec un être qui lui ressemble sur certains points et qui peut souffrir ; les mécanismes d'identification sont alors fortement sollicités. Cette situation est très différente de celle de l'astrophysicien observant une étoile et qui ne risque pas de s'identifier à elle ou de se prendre pour elle. Les deux modes de relation sont fondamentalement

1. Les auteurs cités, avec l'année de publication entre parenthèses, renvoient à la bibliographie.
2. Le *transfert* correspond à un processus observé dans la cure psychanalytique où les désirs inconscients et les modes infantiles de relation d'objet sont reportés sur la personne du psychanalyste.

différents mais ne s'opposent pas ; ils reflètent des niveaux d'observation spécifiques.

On peut en effet distinguer la connaissance par *déduction-systématisation* et la connaissance par *compréhension empathique*. La première est généralement dite expérimentale ou quantitative tandis que la deuxième est dite clinique, compréhensive, qualitative. Nous avons découpé ce chapitre en suivant cette distinction et en proposant d'abord le point de vue de la psychologie du développement et des méthodes d'étude du développement de l'enfant, puis celui de la psychanalyse et de la psychopathologie psychanalytique. Remarquons qu'avant d'utiliser des méthodes d'étude systématisées, l'observation directe de l'enfant a été pratiquée par des chercheurs comme C. Darwin, A. Binet, J. Piaget, B.F. Skinner, M. Klein, S. Freud sur leurs propres enfants ou leurs petits-enfants. Malgré l'implication affective de ces chercheurs à l'égard de leur objet d'étude, certaines observations ont donné naissance à des modèles scientifiques. On citera par exemple l'accès à la symbolisation de l'absence de la mère par le jeu de bobine (S. Freud, 1920), la naissance de l'intelligence chez l'enfant (J. Piaget, 1923), ou le jeu comme méthode d'accès à l'inconscient de l'enfant (M. Klein, 1928). On voit ici comment des modèles scientifiques se sont développés à partir d'expériences et de vécus personnels.

1. La psychologie du développement et la psychologie de l'enfant

La psychologie étudie les comportements, les attitudes d'un sujet vis-à-vis du monde, de lui-même et des autres personnes. Globalement, son but est de décrire objectivement les comportements, les conduites et les attitudes internes de l'individu et d'en comprendre les structures mentales sous-jacentes. Ces dernières années, elle s'est centrée sur les activités de prise d'information, de perception du réel, de planification, de contrôle de la réponse face à différents stimuli et sur les processus de traitement ou d'élaboration de l'information. Ces activités sont générées par des structures mentales complexes que l'on qualifie de « cognitives » (elles sont différentes des structures affectivo-émotionnelles) et qui produisent les comportements, conduites et attitudes internes, qui les planifient et les contrôlent.

La *psychologie du développement* a pour objet l'étude de « secteurs » du développement ; elle cherche à répondre à la question : « Comment l'enfant devient-il ce que je suis ? » (R. Zazzo, 1983*a*). J. Piaget (1923) y apporte une réponse, sur le plan de l'intelligence, quand il cherche à comprendre les processus selon lesquels la logique s'élabore. D'autres chercheurs se sont attachés à étudier la perception, la psychomotricité, la sexualité, l'émotion, ou le langage.

La psychologie du développement s'intéresse aux changements, aux processus de transformation qui modifient :
– la façon dont l'enfant perçoit le réel, les objets, les personnes et la façon dont il les découvre ;
– la façon dont il planifie et contrôle ses actions ;
– les structures mentales qui élaborent des savoirs, des connaissances et les procédures qui permettent de telles constructions.

La *psychologie de l'enfant* « se préoccupe de l'enfant pour lui-même » (R. Zazzo, 1983*a*) et cherche à répondre à la question : « Comment les petits deviennent-ils de grandes personnes ? » Elle tend à dépasser l'aspect isolé du secteur du développement et vise un objectif de globalisation. Elle élabore des savoirs qui se situent au-delà de la description, de la juxtaposition de données d'observation. En ce sens, elle est une science de l'observation de l'enfant en situation et considère toute la complexité de ses conduites au sein de contextes variés et dans son réseau de relation à autrui.

La distinction entre psychologie du développement et psychologie de l'enfant repose, selon R. Zazzo (1983*a*), sur l'opposition entre « une psychologie génétique sans enfant et une psychologie de l'enfant sans genèse ». R. Zazzo pense que les études sectorielles (sur un âge donné par exemple) sont utiles, mais qu'associées aux études sur l'évolution et sur les transformations des *organisations fonctionnelles*[3] qui conduisent à l'état adulte, elles permettent une compréhension concrète des genèses.

3. Pour R. Zazzo (1983*a*), ces *organisations fonctionnelles* ne sont pas des secteurs isolés d'étude (langage, cognition, émotion, etc.) mais des unités fonctionnelles encore appelées « globalités partielles ». Elles prennent un caractère d'unités dynamiques en ce sens qu'elles étudient l'homme (et ses conduites) en relation avec son milieu.

2. Les méthodes d'étude du développement

Il s'agit, pour étudier le développement de l'enfant, d'observer les modifications psychiques à travers le temps, les changements psychologiques et surtout la progression dans le développement. Par exemple, l'observation directe régulière d'un groupe d'enfants permet de comprendre le développement de leurs facultés perceptives ou motrices. Sur un plan purement développemental et expérimental, on observerait et chercherait à décrire les liaisons entre les stimuli et les réponses. Dans le cadre de cette étude, la variable « âge » est essentielle, ce qui ne va pas sans poser certaines questions, quel que soit le mode d'approche utilisé.

2.1 L'approche normative

L'approche normative mesure quantitativement différents comportements dans des groupes d'âges différents pour tracer ensuite la courbe typique, normale, du développement selon l'âge. La psychométrie[4] du développement de l'enfant identifie des normes de développement pour diverses fonctions ou caractéristiques psychologiques (stades du développement de la pensée, stades psychomoteurs etc.). Les données fournies permettent d'apprécier où tel individu se situe par rapport à ses pairs du même âge. On obtient des moyennes par groupe d'âge pour montrer un profil de développement qui n'apparaît peut-être chez aucun individu ; il s'agit d'une image virtuelle du développement et non d'une image réelle, dont on peut se demander quelle est la validité au niveau individuel.

2.2 La méthode transversale

Pour observer la manière dont progressent certains aspects de la personnalité de l'enfant (la représentation de soi, les relations interpersonnelles par

4. La méthode *psychométrique* regroupe l'ensemble des procédés aboutissant à une description quantitative des lois psychologiques; elle est d'un emploi très général dans le cadre de la méthode expérimentale. La méthode des tests est plus limitée dans ses buts puisqu'elle n'en constitue qu'une partie (voir J. Delay et P. Pichot, 1965).

exemple), on étudie le développement entre deux âges donnés avec des groupes de sujets différents pour chaque âge. Deux limites sont à signaler : l'« effet de cohorte[5] » lié au choix d'un échantillon spécifique sur certaines variables (conditions différentes d'éducation, conditions de vie ou événements vécus, par exemple), qui risque de se produire, et le fait que la mesure repose sur des moyennes n'amène aucune connaissance sur les évolutions individuelles. Néanmoins le respect strict de critères méthodologiques et statistiques peut permettre la validité interne de la recherche.

2.3 La méthode longitudinale

Cette méthode consiste à suivre le développement individuel de chaque enfant sélectionné pour la recherche sur une période donnée. On recherche des invariants chez les sujets observés (premiers schèmes de développement par exemple) dans les âges d'acquisition de certaines compétences (particularités) ou expressions psychiques. L'intérêt de cette méthode est de comparer, pendant plusieurs années, un enfant à lui-même et non à des individus différents vivants dans des contextes variés ou avec des histoires franchement opposées. Elle permet donc l'observation précise du développement individuel.

Mais cette méthode est longue, économiquement coûteuse, et il y a souvent une « mortalité expérimentale », due au fait que certains sujets quittent la région, ou ne souhaitent plus continuer la recherche. Par ailleurs, cinq ou dix ans après le début de la recherche, les questions de départ peuvent se révéler dépassées et les tests pratiqués peuvent être désormais différents. La situation de test risque de mobiliser les apprentissages et de modifier le développement naturel de l'enfant. Par exemple, dans le cas où trente enfants de 6 ans seraient soumis à la même épreuve de mémorisation de phrases tous les six mois, un phénomène, appelé « l'effet-test[6] », risque de se produire. La comparaison d'un groupe clinique (enfants avec instabilité psychomotrice,

5. L'*effet de cohorte* : les deux échantillons étudiés sont différents et il se peut que les différences psychologiques observées ne soient pas dues à l'âge mais aux conditions différentes d'éducation des deux échantillons.
6. L'*effet-test* : la situation répétée de test mobilise les apprentissages de l'enfant et le rend plus compétent. Les résultats observés risquent alors d'être différents de ce qu'ils sont naturellement.

par exemple) avec un groupe non clinique (enfants non-consultants, enfants tout-venants) risque d'influencer le groupe clinique dans un certain sens, à savoir que l'intervention clinique de recherche peut avoir des effets thérapeutiques qu'on ne peut évaluer précisément.

Néanmoins, l'approche longitudinale est la seule permettant de résoudre les questions prédictives. En effet, sans elle, comment aurions-nous déduit que le mode d'attachement chez l'enfant, à 1 an, détermine pour une part ses capacités d'adaptation ultérieures aux situations nouvelles ? Notons qu'il existe des variations individuelles considérables d'un enfant à l'autre : pour tel enfant, un retard jugé considérable à 5 ans peut disparaître à 8 ans ; pour cet enfant, l'écart qui va de 5 à 8 ans ne sera pas le même que la moyenne des écarts des enfants testés dans cette tranche d'âge. Seule la psychologie différentielle[7] permet d'étudier cette différence entre les individus. L'évolution individuelle d'un enfant dans son groupe d'âge varie d'une année à l'autre en fonction de facteurs externes (événements et contexte de vie) et de facteurs internes (structuration du Moi[8], conflit, etc.). L'approche longitudinale peut donc tenir compte de ce type d'influences. Par exemple, à l'aide du test de Rorschach[9], on observe une évolution considérable des capacités de modulation émotionnelle avec l'âge (entre 5 et 10 ans) ; mais le suivi longitudinal montre que cette modulation est transitoirement difficile pour certains, en progression soudaine chez d'autres pour qui c'était une difficulté ou encore rapidement efficiente.

7. La *psychologie différentielle* étudie les variations que fait subir l'individu ou le groupe d'individus aux lois régissant le comportement de tous les individus. Elle étudie les différences individuelles qui interviennent dans la compréhension des lois générales d'un comportement.

8. Le *Moi* est une instance psychique qui se distingue du Ça et du Surmoi, dans la seconde théorie freudienne. Il mobilise des mécanismes de défense pour lutter contre des affects déplaisants, généralement générateurs d'angoisse et il permet une activité de liaison entre les représentations psychiques et les affects. Il est considéré comme un organe d'adaptation à la réalité. Voir J. Laplanche et J.-B. Pontalis, pp. 241 sqq, pour l'évolution de la notion de Moi dans la théorie freudienne.

9. Le *Rorschach* est un test de personnalité à la fois projectif et perceptif. Il se compose d'un jeu de dix planches de taches d'encre (achromatiques, chromatiques et pastel). La méthode d'interprétation des résultats, appelée « psychodiagnostic », utilise plusieurs catégories d'indices qui, combinées entre elles, indiquent les éléments structuraux de la personnalité.

2.4 La méthode séquentielle

La méthode séquentielle, aussi appelée méthode mixte, combine les méthodes transversale et longitudinale. Elle permet d'évaluer pendant quelques années plusieurs groupes d'enfants d'âges différents. Par exemple, pour récolter des données Rorschach chez les enfants de 5 à 16 ans, il faut créer quatre groupes de 120 enfants âgés de 5, 8, 11 et 14 ans et les tester régulièrement chaque année pendant deux ans.

2.5 L'approche expérimentale

Il s'agit, par cette approche, de contrôler systématiquement l'influence d'une variable sur le comportement de l'enfant, toutes choses égales par ailleurs. N'oublions pas toutefois que les variables « naturelles » ou liées au contexte naturel (à l'école, au groupe familial, social ou culturel d'origine, à la relation avec le psychologue, etc.) n'apparaissent pas en laboratoire alors qu'elles peuvent avoir une incidence déterminante sur l'activité de l'enfant. En utilisant cette méthode, on peut observer que tel type d'intervention thérapeutique peut avoir des effets positifs significatifs pour telle pathologie sans que l'on sache sur quoi portent ces effets. De plus, les changements observés peuvent être durables pour certains sujets – ce qui permet de déterminer un sous-groupe au sein du groupe total – et éphémère pour d'autres. Les questions qui se posent sont les suivantes : quels facteurs ont été déterminants dans les résultats de la recherche ? en quoi les deux sous-groupes sont-ils différents ? qu'est-ce qui a pu influencer leurs résultats ?

Depuis quelques décennies, l'informatique a permis de recourir à des techniques d'études sophistiquées, surtout dans le domaine de la psychologie du nourrisson (voir R. Lécuyer, 1989). On peut désormais étudier plus précisément les compétences du nourrisson à partir des fonctions de base ou des schèmes réflexes. Par exemple, un changement dans le rythme ou dans la force de la succion peut révéler la préférence du nouveau-né pour telle stimulation ; sont également révélateurs les modifications de rythme cardiaque, de rythme respiratoire ou les mouvements des yeux. Ainsi, les réactions perceptives du nourrisson ont été précisées et décodées à travers ses capacités d'habituation aux stimuli : un bébé regarde de moins en moins longtemps un stimulus présenté de façon répétée, il s'y habitue. Si on lui présente un nouveau stimulus à côté du premier, il explorera plus activement le nouveau stimulus. La fixation visuelle, différente selon le stimulus, témoigne des capacités du bébé à différencier les deux stimulus. L'expérimentateur manipule des variables indépendantes pour chercher à comprendre leurs effets sur une ou plusieurs réponses du sujet (variables dépendantes). Mais la position comportementaliste qui ne prendrait en compte que le comportement observable est maintenant dépassée ; les individus ont des pensées et des affects, c'est-à-dire une vie psychique, qui ne s'expriment pas nécessairement dans des comportements, du moins immédiats.

3. La psychanalyse

Elle se différencie de la psychologie génétique dans la mesure où elle s'intéresse essentiellement aux structures affectivo-émotionnelles de l'individu qu'elle nomme désir ou libido et qui sont déterminées par son inconscient. Sa méthode, la règle de la libre association, et son objet d'étude, l'inconscient, sont spécifiques. La méthode freudienne, qui est une méthode d'investigation, s'appuie sur la libre association. Il s'agit, pour le patient, d'évoquer toutes les pensées qui lui viennent à l'esprit sans discrimination et, pour le psychanalyste, de prêter écoute à son patient. La psychanalyse cherche à mettre en évidence la signification inconsciente des paroles, des actions, des productions imaginaires du sujet, sachant que ce sont les libres associations de ce dernier qui vont garantir la validité de l'interprétation. L'interprétation n'a de sens que dans une situation psychanalytique (donc dans un cadre clairement défini), elle porte sur le contenu refoulé[10] du discours, et doit tenir compte des résistances,

10. Le *refoulement* est une opération psychique qui consiste à écarter puis à maintenir dans l'inconscient des représentations (pensées, images, souvenirs) liées à une pulsion. Ce processus dynamique sépare ou clive du domaine conscient des contenus (souvenirs par exemple) qui gardent toute leur vivacité lorsqu'ils sont retrouvés. La notion de refoulement, très liée à celle d'inconscient, a été conceptualisée à partir de la clinique et du traitement par S. Freud des hystériques. Le refoulement apparaît lorsque la satisfaction d'une pulsion risque de provoquer du déplaisir à l'égard d'autres exigences (du Surmoi, par exemple).

du transfert et du désir. Emmy von N., une patiente de Freud, déclare à ce dernier qu'« il ne faut pas toujours lui demander d'où provient ceci ou cela mais [qu'il faut] la laisser raconter ce qu'elle a à dire » (cité par J. Laplanche et J.-B. Pontalis, 1967). Elle souligne ainsi le rôle majeur du travail psychique du patient sur ses souvenirs d'enfance et sur les impressions générées par la séance de psychanalyse, puis du travail interne accompli entre les séances. La méthode cathartique (catharsis ou « purgation ») a pour but d'aider à la décharge des affects pathogènes par la reviviscence intense de souvenirs et d'expériences oubliés, « refoulés » ; cette décharge se produit par l'acte de parole favorisé et encouragé par la situation et par le cadre psychanalytique.

La psychanalyse étudie les structures inconscientes sous-jacentes aux conduites humaines, le désir comme source des actions humaines. Elle a permis une compréhension fine et dynamique des troubles de l'enfant et elle a considérablement enrichi la psychiatrie de l'enfant qui était autrefois statique et naïve.

La pensée psychanalytique a rendu la nosographie plus fonctionnelle, plus dynamique et moins figée dans la mesure où elle prend en compte, pour chaque sujet, l'histoire des conflits infantiles, la biographie et les relations intrafamiliales ainsi que leur incidence sur la personnalité.

La psychanalyse des adultes, sur laquelle nous allons revenir dans le paragraphe suivant, a pour objet la reconstruction de la névrose infantile[11], qui est une névrose de développement correspondant à un moment d'organisation fondamental de la vie psychique : le conflit œdipien. En ce sens, on ne pourra pas parler de névrose infantile avant 5-6 ans. La névrose de transfert[12], qui se développe grâce à la situation psychanalytique, serait la répétition de cette névrose infantile. Il convient de rappeler ici que la névrose, en termes généraux, est une affection résultant d'un conflit intrapsychique entre le désir et sa défense.

---

11. La *névrose infantile* est liée au développement et, en ce sens, elle est à considérer comme une « névrose de développement » préstructurant l'histoire à venir; il s'agit là d'un modèle explicatif. La sexualité infantile se réorganise à partir des « positions phalliques » et de l'« investissement du pénis ».
12. La *névrose de transfert* définit une catégorie de troubles (à l'opposé des névroses actuelles) qui sont l'expression d'un conflit intrapsychique; il se produit un déplacement de la libido sur des objets. La névrose de transfert s'oppose à la névrose narcissique. Le patient répète ses conflits infantiles et les rejoue dans la relation avec le psychanalyste.

3.1 La psychanalyse des adultes

La psychanalyse des adultes reconstitue la vie instinctuelle, les étapes de la sexualité infantile à travers les cures psychanalytiques des adultes. Dans les *Trois essais sur la théorie de la sexualité*, S. Freud (1905) attache une grande importance à ces étapes sur lesquelles nous reviendrons (voir chapitre 2, 2.1). Notons que l'organisation caractérielle des parents et les attitudes qu'elle engendre influent sur la transmission de la culture et des stéréotypes ; la « crise » n'est que la superstructure d'un processus évolutif. C'est le « traumatisme sexuel » qui est à la base de la névrose par séduction d'un adulte (hystérie[13]) et le contenu des fantasmes révèle les formes d'organisation du Moi au moment de la constitution de la névrose infantile.

S. Lebovici (1983) distingue :
– la temporalisation par le travail d'après-coup, qui donne un autre sens au fait de revivre des événements, des comportements, des affects, des fantasmes, des pensées ; ce travail est fondamental dans la mesure où le temps du développement donne un sens à ce qui avait eu lieu. Par exemple, la séduction passive subie au moment de la puberté provoque une honte de l'excitation sexuelle qui produit plus tard l'anxiété et la fuite-phobique. J. Laplanche (1987) conçoit la temporalisation comme une mise en roman et comme essai de traduction des « énigmes » provenant de l'autre, problématique reprise ensuite dans un mouvement d'autothéorisation ;
– le travail du refoulement qui porte sur la représentation de l'événement et non sur l'affect. C'est ainsi que les affects reprennent leur place grâce au travail de reconstruction, ce qui modifie considérablement les jeux de déplacement des investissements et des contre-investissements[14] des représentations.

13. L'*hystérie* est une névrose où le conflit psychique s'exprime et se symbolise dans des symptômes corporels (crises paroxystiques émotionnelles et théâtralisées) ou dans des objets ou des situations extérieures (hystérie d'angoisse, phobies).
14. Le *contre-investissement* consiste dans le maintien constant du refoulement; c'est la dimension économique de la défense. Il correspond à l'investissement par le Moi des représentations, situations, comportements, traits de caractère empêchant l'accès des représentations à la conscience. Il peut s'agir de désirs agressifs inconscients transformés par le Moi en sollicitude exagérée ou de tendances anales (désir de salir) transformés en souci de propreté; on parle dans ce cas de « formation réactionnelle ».

La psychanalyse permet de comprendre le rôle de la vie fantasmatique dans les conduites humaines ; le travail de reconstruction vise l'étude d'un fonctionnement mental impliquant une réalité psychique qui ne coïncide pas avec un réalisme perceptuel dit « objectif ». Pour Freud, la réalité psychique « désigne ce qui, dans le psychisme du sujet, présente une cohérence et une résistance comparables à celles de la réalité matérielle » (J. Laplanche et J.-B. Pontalis, 1967). Il s'agit du produit des fantasmes ; les psychologues parlent de « croyances[15] ».

Lors de la cure psychanalytique, c'est l'enfant resté en souffrance chez l'adulte qui s'exprime, notamment à travers les souvenirs, ses effets d'après-coup et de subjectivation sans cesse renouvelés. Mais pourquoi tel matériel aurait-il plus d'importance que tel autre non évoqué par le patient ? Ce que les psychanalystes expérimentent dans leur travail auprès des patients, c'est le caractère créateur et fondateur des narrations de ces derniers. Ainsi, la construction[16] analytique est l'hypothèse validée par la cure et par les effets de celle-ci (S. Lebovici, 1990).

3.2 La psychanalyse des enfants

Les psychanalystes ont contribué à l'approfondissement de la connaissance du développement de l'enfant. La psychanalyse des enfants est à la fois une méthode et une technique thérapeutique. Elle a longtemps opposé deux courants de pensée, celui d'Anna Freud et celui de Mélanie Klein.

Pour A. Freud, l'environnement familial joue un rôle fondamental en terme de conflit d'adaptation et de conflits réactionnels. Pour M. Klein

15. La *croyance* est une pensée illlusoire. L'homme se forge régulièrement des idées à propos de lui-même et des autres; il élabore du sens à propos de ce qui l'entoure, de ce qu'il perçoit, et de ce qu'il éprouve. Il peut même entretenir de « fausses croyances ». Par exemple, les sujets expérimentalement influencés n'ont pas souvent conscience de ce qui les a influencés mais ils soutiennent qu'ils ont toujours pensé de la même manière. Nos idées préconçues influencent de manière décisive notre manière d'interpréter les événements et de nous en souvenir.

16. Une *construction* est la reconstitution d'une partie de l'histoire réelle et fantasmatique élaborée par le psychanalyste et proposée au patient. Selon S. Freud (1937), une « ferme conviction de la vérité de la construction a le même effet thérapeutique qu'un souvenir retrouvé ».

(1928), la pathologie ne dépend pas de la réalité des objets maternels. Sa conceptualisation de la vie psychique s'appuie sur une perspective génétique qui repose sur une position anhistorique : il existe, selon elle, un Moi dès la naissance. Elle développera l'observation directe de l'enfant et de son milieu familial en montrant – comme S. Freud (1920), avant elle, l'a illustré avec le jeu de la bobine – qu'à travers le jeu, l'enfant exprime ses fantaisies, ses fantasmes, son monde interne et qu'ainsi cette activité peut être interprétée par le psychanalyste. Le jeu, par ses possibilités expressionnelles et créatrices, est une médiation intéressante et utile en psychothérapie. Il est riche de bénéfices régressifs mais peut aussi alimenter la résistance au traitement ; l'enfant peut jouer pour résister au transfert en évitant de verbaliser cette résistance. C'est l'activité interprétative qui permet d'engendrer des effets mutatifs au plan pulsionnel et de modifier les agencements du Moi. Cette activité est constamment mobilisée par le modèle théorique du psychanalyste qui lui est nécessaire pour comprendre l'évolution du fonctionnement mental. S. Lebovici et M. Soulé (1970) considèrent que la métapsychologie[17] est « une théorie du fonctionnement mental qui sert à rendre cohérente la théorie du développement de l'enfant ». Il s'agit d'un modèle abstrait, d'une construction qui a pour objet de rendre compte de ce qui est observé sur le plan clinique, sur le plan de la cure psychanalytique et de l'interprétation. À partir de l'unité que constitue le nouveau-né et des soins maternels, Freud propose, dans une perspective diachronique et ontogénique, le concept de narcissisme initial ; il définit l'hallucination de plaisir comme la capacité de l'enfant à revivre des situations agréables engrammées sous la forme de traces mnésiques. L'objet est créé, à partir de ces traces, par le désir qui s'étaie sur la non-satisfaction des besoins et grâce au fonctionnement des zones autoérotiques.

---

17. La *métapsychologie* est un terme crée par S. Freud pour rendre compte, sous forme d'un modèle abstrait, de la psychologie qu'il a créée.

18. Pour D.W. Winnicott (1969), la *personnalisation* est un processus qui se déroule sur trois registres : l'*intégration*, processus d'unification du Moi (un Moi pas encore intégré); la *personnalisation* proprement dite, avec le sentiment de vivre dans son propre corps, la structuration du *self*; le processus de *réalisation* ou sentiment de la réalité en termes d'espace et de temps. S. Resnik (1973) considère que « le processus de personnalisation est lié au sentiment d'habiter son corps [...] c'est à travers l'expérience du corps propre que se structure le processus de la personnalisation ».

Les scénarios fantasmatiques sont l'expression de ce désir ; ils se complexifient par le développement des processus de *personnalisation*[18] et d'*identification*[19] du fonctionnement mental. Le registre des processus primaires se distingue de celui des processus secondaires en ce sens qu'il confond les imagos ou les objets internes avec la réalité des parents, comme dans le rêve ou dans la psychose. De plus, les stades de la vie sexuelle sont imprégnés par les fantasmes originaires (scène primitive, séduction et castration), eux-mêmes présents dans le mouvement de différenciation des sexes et des générations au cœur de la situation et de l'évolution œdipiennes. Mais il faut aussi reconnaître que l'« Œdipe », comme noyau du fonctionnement mental, se trouve modulé par celui des parents ; il y a une filiation œdipienne, c'est-à-dire que l'« Œdipe » des parents colore celui de leur enfant. La pratique psychanalytique auprès de l'enfant vérifie constamment les effets de la transmission partielle du conflit œdipien du parent à son enfant alors même que le parent continue à élaborer ses affects en fonction de sa propre histoire vécue et subjectivée.

Les cures précoces montrent comment s'organise la personnalité de l'enfant. Avant ou pendant l'efflorescence de l'évolution œdipienne, elles contribuent largement à la compréhension du développement de ses fantasmes. Elles complètent ce que Freud (1911) développe dans ses *Formulations sur les deux principes du cours des événements psychiques*, où il contribue à une meilleure compréhension des premiers stades de la vie psychique. Ajoutons que la psychanalyse cherche à comprendre les forces mises en œuvre au cours du développement, à l'aide de reconstructions interprétatives, dans les premiers stades relationnels. La relation transférentielle et les résistances reconstituent l'expérience vécue de l'enfant qui n'a plus qu'un besoin intermittent du soutien de la mère parce qu'il la reconnaît et établit avec elle une relation objectale différenciée.

---

18. Voir page 18.
19. L'*identification* est un processus majeur dans la dynamique du développement de la personnalité, qui permet à l'individu de se constituer. L'enfant assimile un aspect ou une propriété de l'autre (du parent), puis le transforme pour en faire un élément de soi totalement remanié.

Pour la psychanalyse, le nouveau-né, soumis au processus de maturation, est complètement dépendant des soins maternels. C'est lors d'expériences de manque, qu'il « réinvente » les expériences antérieures de satisfaction de ses besoins par la mise en jeu active des zones érogènes de son corps, qui ont coïncidé avec le plaisir. Ainsi, le suçotement remplace-t-il les tétées. Pour S. Lebovici (1960), l'enfant « peut rêver et halluciner la présence d'un objet de plaisir avant d'être capable de le percevoir et de le reconnaître, d'où le principe allégorique : le sein (ou plutôt l'image du sein) naît de l'absence du sein (ou plutôt de son image) ». Cette théorie suppose que le fantasme précède la connaissance de l'objet extérieur dont une présence suffisante est cependant indispensable pour la poursuite de l'élaboration de la vie psychique qui conduit peu à peu à la connaissance de l'objet et de soi-même.

Le modèle freudien va de la perception à l'action, selon le schéma de l'« arc réflexe », et il s'enrichit des concepts de « processus primaires[20] » et de « processus secondaires[21] ». Freud (1911) précise que les conditions, pour que ces processus secondaires se réalisent, résident dans la juste évaluation des signes de réalité, qui n'est possible que par une inhibition du Moi. L'attention, qui évalue ces signes, est une vigilance seconde qui doit éviter à tout prix un déplaisir soit parce que ce déplaisir est inacceptable en soi, dangereux pour le psychisme, soit parce qu'un tel déplaisir pourrait troubler l'activité de pensée. L'activité psychique, qui se refuse à tout déplaisir, recherchant seulement le plaisir et la motricité, ne suffit pas à décharger cette tension interne créatrice de déplaisir, d'où la nécessité de l'intervention d'un autre pour rétablir l'équilibre homéostasique[22] perturbé. Ce qui provoque un état de satisfaction chez le bébé, une expérience de plaisir.

20. Les *processus primaires* sont inconscients. Ils investissent les représentations liées aux expériences de plaisir et correspondent à une énergie qui cherche à se décharger de façon totale et immédiate (« énergie libre »).
21. Les *processus secondaires* sont préconscients-conscients. Ils investissent les représentations où la satisfaction est ajournée et correspond à une « énergie liée ». Les processus secondaires remplissent une fonction régulatrice (pour ces deux notions, voir J. Laplanche et J.-B. Pontalis, 1967).
22. *Homéostasie* veut dire stabilité; il s'agit d'une tendance qui consiste à maintenir en équilibre un état biologique ou psychique.

Freud émet l'hypothèse d'une double mémorisation :
– l'image mnésique par la mémorisation de la perception de la situation ;
– la trace mémorielle de l'état d'excitation par le besoin.

Une fois satisfait, le besoin va être mémorisé et dès qu'un autre besoin va réapparaître, il va se produire « un déplacement de l'énergie psychique qui va réactiver, réinvestir l'expérience de satisfaction du besoin ». Ainsi, l'expérience de satisfaction et la répétition de cette expérience sont indissociables : la répétition amène au réinvestissement de l'image mnésique et ce réinvestissement va conduire ou non à la satisfaction. Dès que le besoin se représentera, il y aura déclenchement d'une impulsion psychique qui investira à nouveau l'image mnésique de cette perception, reconstituant la première expérience de satisfaction.

4. La psychologie psychanalytique du développement

Les psychanalystes généticiens ont essayé d'intégrer la psychanalyse dans la psychologie génétique. A. Freud a toujours cherché à tenir compte du développement réel de l'enfant et des aspects spécifiques de sa maturation. L'école américaine (voir S. Lebovici et M. Soulé, 1970) a étudié des situations expérimentales (voir R. Spitz et la notion d'hospitalisme[23]) et l'évolution de la relation objectale. S'appuyant sur la théorie du *holding* (voir chapitre 2, 3), D.W. Winnicott a décrit la genèse du *self* ou sentiment de la continuité d'existence. Plus récemment, de nombreux psychanalystes ont montré l'importance de l'observation des relations interpersonnelles et des interactions entre la mère et son bébé dans la famille en continuant de considérer comme centrale la relation objectale (voir les travaux de l'école psychanalytique de Paris). J. Bowlby (1969) a étudié les carences maternelles et il a

23. L'*hospitalisme* est un syndrome, aussi appelé « carence affective totale », observé par R. Spitz il y a cinquante ans dans les institutions où des enfants correctement logés et nourris souffraient d'un manque de contact chaleureux avec ceux qui s'occupaient d'eux. Il a remarqué que les enfants ainsi élevés étaient carencés au plan psycho-affectif, avec plus précisément un sous-développement du langage, de la psychomotricité et de la socialisation.

développé une théorie sur l'attachement[24] à partir de travaux portant sur le comportement interactif mère/enfant lors d'expériences de déprivation.

Arrêtons-nous sur un point essentiel : la notion de *conflit*. La vie est jalonnée de crises (étymologiquement, crise veut dire changement) qui sont inévitables au cours de la vie. Elles permettront à l'individu, lorsqu'il sera parvenu à l'âge adulte, de se mobiliser avec plus d'énergie ou de mettre en place des stratégies défensives et d'ajustement au monde interne et externe plus efficaces, plus rapides, moins coûteuses, plus fines. Les contraintes externes s'associent aux conflits psychiques générés par la pulsion.

Pour que le conflit soit structurant, il faut que l'enfant ne se sente pas constamment menacé ou insécurisé. Les échecs du développement sont bien souvent causés par l'insécurité affective, les pressions précoces (exigences irréalistes des parents ne tenant pas compte de l'âge de l'enfant), l'excès d'encadrement ou de rapproché psychique et/ou physique avec des phénomènes de séduction plus ou moins intenses. Tout phénomène relevant de ce type de relation empêche l'enfant d'élaborer l'ambivalence fondamentale et nécessaire au processus de séparation, le freine dans l'élargissement de son autonomie, l'inhibe dans son besoin de se risquer à régler lui-même les conflits avec ses pairs par exemple. De la même manière, un parent peut étouffer l'expression de l'authenticité de l'enfant à cause de la résurgence en lui-même de ses propres conflits ou souhaits anciens non résolus encore vivaces mais inconscients. Néanmoins, les facteurs de développement sont essentiellement : l'environnement (les parents, les autres), les potentialités propres de l'enfant, le temps (durée de l'apprentissage mais aussi les effets d'après-coup), le développement cognitif (plus grande qualité des représentations de l'objet physique, narcissique et libidinal) et les processus fondamentaux d'identification largement étudiés par la psychanalyse.

Pour le psychanalyste, le conflit est source de vie ; il est l'indicateur de l'existence d'un processus de construction et, en ce sens le conflit œdipien est considéré comme organisateur. Il faut entendre que le développement n'est

24. Au départ, la théorie de l'*attachement* se situait exclusivement dans une perspective génétique, tout en s'appuyant sur des références éthologiques. Désormais son modèle se fonde sur la formation de représentations psychiques cognitives appelées « schèmes d'attachement » ou « *Internal Working Model* » (voir chapitre 3, paragraphe 3).

pas l'absence de conflit mais plutôt l'expression de conflits normaux et nécessaires s'organisant dans un mouvement interactif entre l'interne et l'externe. Partant de l'observation directe, A. Freud a développé le concept original de *lignes de développement.* Il s'agit, d'une part, de rendre compte des étapes permettant l'autonomisation de l'enfant au plan psychologique et social et de proposer ces étapes comme expression d'un équilibre entre les contraintes extérieures et les instances intrapsychiques. Ce concept, dynamique, permet d'entrevoir la cohérence ou l'incohérence du développement d'un enfant. Ces étapes n'apparaissent pas de façon linéaire mais discontinue, par pause, par palier, par régression. La régression représente en même temps un mécanisme de défense et un processus de structuration.

Les lignes de développement conduisent :
– de l'état de dépendance à l'autonomie affective et aux relations d'objet de type adulte ;
– de l'allaitement à l'alimentation rationnelle ;
– de l'incontinence au contrôle des sphincters anal et urétral ;
– de l'insouciance au sens des responsabilités en ce qui concerne la manière de traiter son propre corps ;
– de l'égocentrisme à la camaraderie ;
– du corps au jouet et du jeu au travail (voir B. Golse, 1992).

Par ailleurs, A. Freud (1968) oppose les conflits de développement aux conflits névrotiques graves, intenses et persistants. C'est ainsi que s'opposent la névrose proprement dite et le conflit de développement comme forme de conflit interne. Les conflits externes constituent des immixtions dans le développement ; le terme d'immixtion se référant au modèle traumatique, qui réapparaît quand l'attitude des parents s'écarte trop des besoins de l'enfant. Selon H. Nagera (1969), « nous désignons sous l'expression d'immixtion dans le développement, tout incident, situation, condition ou donnée qui témoigne d'un écart dans les normes de développement ».

La notion de conflit externe d'A. Freud recoupe celle d'immixtion telle que la définit H. Nagera, car les attitudes pathogènes de la mère peuvent être à l'origine de difficultés pour l'enfant. Les conflits de développement élargissent la théorie psychanalytique des stades du développement libidinal à la notion de développement global dans une tentative de synthèse entre la psychanalyse et la psychologie génétique. Cette articulation fonde la psychologie psychanalytique du développement.

Afin de clairement différencier les notions de conflit de développement, de conflit externe, de conflit intériorisé, et de conflit névrotique, la psychopathologie propose un certain nombre de repères qui mènent du normal au pathologique :

– le *conflit de développement* est un conflit intériorisé, propre à un âge, à un stade et il est de nature transitoire[25] ;

– le *conflit externe* indique que les pulsions de l'enfant s'opposent à l'entourage[26] ;

– le *conflit internalisé* correspond au conflit se déroulant entre les différentes instances psychiques[27] ;

– le *conflit névrotique* est intériorisé et persiste malgré l'âge[28] ;

– le *conflit interne* est un conflit d'ambivalence, liée à la bisexualité, à l'activité/passivité[29]. Il est inévitable, universel.

On ne pourra pas parler de « névrose infantile » avant l'âge de 5-6 ans (comme il a été précisé plus haut) et ce, en référence au stade phallique œdipien. Les conflits externes s'intériorisent pour donner des conflits internalisés, le conflit de développement est simple, intégratif et linéaire. Mais au sein des conflits externes s'introduisent des extériorisations par projection, nous rappelant que la réalité du conflit psychique n'est ni simple ni linéaire, mais dialectique et dynamique. Cet ensemble complexe détermine, en grande

25. Nous allons illustrer ces différents types de conflits par des exemples. Le *conflit de développement* chez Marc, âgé de 3 ans, qui est en pleine crise œdipienne, s'exprime par son désir de dormir dans le lit de ses parents.
26. Sophie, âgée de 18 mois, connaît un *conflit externe*. Elle s'oppose vigoureusement à sa mère (en lui disant « non ») qui veut absolument qu'elle fasse dans le pot. Le plaisir et le besoin de maîtriser son propre corps, l'autre et le monde environnant sont en conflit avec les exigences maternelles.
27. Le *conflit internalisé* se manifeste chez Georges âgé de 8 ans par le fait qu'il se sent coupable de l'agressivité verbale qu'il exprime à l'égard de sa mère. Le Ça (besoin d'agression) est en conflit avec le Surmoi (interdits parentaux intériorisés).
28. Si la culpabilité de Georges persiste et constitue la base caractérielle de sa personnalité, on parlera de *conflit névrotique*.
29. Le *conflit interne* se manifeste chez Félix âgé de 12 ans par le fait qu'il prend plaisir à avoir des relations passives avec ses camarades alors que, souhaitant diriger le groupe, cette situation suscite en lui un grand malaise intérieur.

partie, la structuration de la personnalité. Par exemple, la psychose infantile rend compte de l'incapacité du Moi à organiser les conflits.

5. La psychopathologie infantile

La démarche psychopathologique vise le cas clinique individuel. À travers l'examen clinique qui utilise des instruments tels que les tests quantitatifs (de niveau), les épreuves cliniques qualitatives (projectifs par exemple), et l'entretien clinique, le psychopathologue cherche à comprendre la souffrance de l'enfant directement ou indirectement exprimée. Il s'agit d'étudier les « organisations mentales sous-jacentes aux symptômes, aux conduites et aux dires d'un individu pour en définir la cohérence et le sens, en vue d'une mobilisation au sein – dans une relation donnée – des éléments constitutifs de cette organisation » (J.L. Lang, 1979).

Pour H. Beauchesne (1978), les signes sont ce que l'on peut observer de l'autre et les symptômes sont les signes qui prennent une valeur à partir du moment où ils constituent un « phénomène insolite dans la constitution matérielle des organes ou dans les fonctions, qui se trouve lié à l'existence d'une maladie ». Ainsi, la sémiologie est l'étude et la compréhension du sens des symptômes.

La première approche est phénoménologique et elle tente de comprendre le sens du symptôme, sa charge affective, sa place dans l'histoire du sujet, au sein du contexte social et psychologique. En pratique, l'observation fait partie du phénomène observé ; ce qui est perçu l'est en fonction du type de présence.

Le psychologue doit faire une analyse des symptômes recueillis afin d'éviter de mettre sur le même plan les phénomènes perceptifs objectifs (visibles par tous), les réactions vécues par l'observateur, les modes d'être du malade, l'interprétation donnée par l'observateur. On peut faire un diagnostic symptomatique isolé (tic, énurésie, etc.) ou regrouper les symptômes en syndrome clinique, mais saisir le mode d'organisation pathologique d'un individu, le classifier dans un diagnostic, c'est prétendre parvenir à un diagnostic structural. On peut alors entendre par structure : « Un ensemble d'éléments tels que, si on modifie un des éléments, on modifie l'ensemble »

(H. Beauchesne, 1978). Une structure n'est pas observable en tant que telle et il est nécessaire de reconnaître les symptômes avant d'envisager leur interdépendance. Vouloir reconnaître une structure suppose qu'on connaisse aussi son mode de structuration, sa genèse, sachant qu'en règle générale le passage se fait d'une structure simple vers des structures plus complexes.

En psychopathologie infantile, la référence structurale psychanalytique est celle que l'on utilise le plus. Le fonctionnement psychique est apprécié selon :
– la *structure de la relation*, c'est-à-dire la situation par rapport à une identité sexuelle, le complexe d'Œdipe (voir chapitre 2, 2), le passage d'une relation binaire à une relation triangulaire. Il faut repérer l'identité, les investissements, la relation d'objet ;
– la *structure de l'appareil psychique*, constitué, du Ça, du Moi, et du Surmoi (selon la deuxième topique) ;
– les principes de plaisir et de réalité.

En définitive, le fait psychique est abordé selon quatre points de vue :
– d'un *point de vue dynamique*, avec les conflits pulsionnels, les rapports désir/défenses, plaisir/réalité, Ça/Moi, etc. ;
– d'un *point de vue économique*, avec l'évaluation des forces en présence, les besoins, les pulsions, les défenses, le Moi et son organisation, etc. ;
– d'un *point de vue topique,* en rapport avec la structure de l'appareil psychique ;
– d'un *point de vue génétique*, pour comprendre comment le tout s'est organisé.

Ainsi le diagnostic de structure est obtenu à partir des symptômes et des conduites, plus précisément de leur agencement, de leur organisation. Il est donc impossible, voire dangereux, de réduire des structures complexes à de simples modèles descriptifs, idéalistes et abstraits. L'hypothèse diagnostique est basée sur une compréhension des faits, sur leur interprétation, en établissant des relations entre différents faits psychiques. Un système de classification reste nécessaire car il permet de renvoyer un cas particulier vers un système général, ouvrant ainsi la possibilité de pronostiquer, et éventuellement d'agir en prévention. En pratique, il y a souvent des confusions entre les plans symptomatiques, structuraux et étiologiques, ce qui pose des problèmes de classification.

En psychopathologie de l'enfant, nous tenons à attirer l'attention sur les points suivants :

• Il faut éviter à tout prix de se référer à des modèles de psychopathologie adulte pour comprendre les troubles de l'enfant.
• On rencontre souvent une difficulté à reconnaître la pathologie comme telle ; le motif de la consultation n'est, en général, pas l'enfant lui-même, mais un trouble de la conduite ou du comportement qui gêne l'entourage. Or, si le psychologue ne retient que cet aspect extérieur, il en vient à valoriser la notion d'adaptation sociale et le phénomène pathologique n'est plus considéré. Le plus souvent, les difficultés sont liées à la nature des relations de l'enfant à son milieu ; l'entourage trouve des causes de toutes natures dont il faut se dégager.
• La pathologie ne peut se comprendre que par rapport à un développement, chaque enfant ayant un style de croissance propre. Le développement est influencé par des facteurs neurobiologiques, psychoaffectifs, et sociaux. Ceux-ci peuvent être évoqués par l'entourage soit à titre explicatif, soit à titre défensif parce qu'il peut y avoir des retards, des fixations, qui posent le problème de ce qui est normal et de ce qui ne l'est pas. Le développement ne se fait pas de façon synchrone sur le plan affectif, physique, cognitivo-intellectuel et social ; il existe des tensions et des conflits liés au développement. Les phobies, par exemple, sont banales à 3 ans ; la symptomatologie variant avec l'âge, un même conflit névrotique peut correspondre, à deux moments différents, à une phobie puis à une obsession. Notons que les symptômes sont plus labiles que chez l'adulte.

6. Le normal et le pathologique

Par ailleurs, la démarche en psychopathologie nous invite à considérer les notions de « normal » et de « pathologique ».

La « normalité » se réfère à « un pourcentage majoritaire de comportements ou de points de vue, « ou est fonction d'un idéal collectif, d'une règle. (J. Bergeret, 1974). Cette notion a fait couler beaucoup d'encre. On considère qu'elle induit des jugements de valeur, là où il s'agirait d'effectuer le constat d'un « bon fonctionnement intérieur » qui tiendrait compte des données particulières et spécifiques à chaque individu.

La notion de normalité serait indépendante de celle de structure dans la mesure où le passage de la maladie à la normalité existe, et vice versa. Pour

D. Anzieu (1959), la maturation affective, fondement de toute normalité authentique, est définie comme « une attitude sans anxiété vis-à-vis de l'inconscient tout autant dans le labeur que dans les loisirs, une aptitude à faire face aux inévitables manifestations de cet inconscient en toutes circonstances ». En ce sens, le conflit est considéré comme un élément nécessaire dans la constitution de la personnalité. C. Chiland (1971) a observé que les enfants tout-venants n'étaient pas dépourvus de certains signes de la lignée névrotique ou phobique. Pour elle, c'est la souplesse du passage d'un bon fonctionnement situé au niveau du réel à un bon fonctionnement situé au niveau fantasmatique qui servirait de critère de normalité plutôt qu'un simple diagnostic de structure. Elle considère que « notre but n'est pas nécessairement de rendre l'enfant conforme à ce que son milieu, la famille, l'école ou la société attend de lui mais notre but est de le rendre capable d'accéder avec le moins de limitations possibles à son autonomie et à son bonheur ». Pour S. Freud (1905), toute la psychologie de l'adulte tire sa source des difficultés éprouvées au cours du développement de la sexualité infantile ; ce sont les pulsions refoulées, sexuelles et agressives, qui créent les symptômes. Dans le caractère non pathologique, le refoulement doit être réussi. S. Freud refuse le statut de « normalité » à toute structuration non névrotique et même à une structure névrotique dans laquelle le refoulement de l'Œdipe aurait seulement joué de façon partielle ; il exige la disparition complète du complexe. Mais il a montré que divers degrés de fonctionnement existent et que les mécanismes demeurent les mêmes chez les gens « normaux » comme chez les malades mentaux, seule l'adaptation et la souplesse du jeu de ces mécanismes diffèrent plus ou moins. Chez l'adulte, J. Bergeret part du point de vue qu'il y a lieu de distinguer :

– d'une part, les structures authentiques, solides, fixes et définitives : psychoses ou névroses. La psychose se caractérise par une perturbation sévère de la personnalité biaisant fondamentalement le rapport à la réalité, aussi bien celle d'autrui que de soi-même. La névrose se caractérise par une souffrance psychique s'exprimant sous forme d'angoisse ou sous forme de mécanismes mis en œuvre pour lutter contre cette angoisse. Il y a conscience du trouble et absence de perte du sens de la réalité. Il y a autant de termes de passage entre « normalité » et psychose décompensée, au sein de la lignée

structurelle fixe psychotique, qu'entre « normalité » et névrose décompensée, au sein de la lignée structurelle fixe névrotique ;
– d'autre part, les organisations intermédiaires (états-limites) moins spécifiées de façon durable et pouvant donner naissance à des aménagements plus stables (maladies caractérielles[30] ou perversions[31]).

Il ne semble pas facile d'envisager une réelle « normalité » en raison de la précarité de l'adaptation aux réalités internes et externes et de l'instabilité des organisations non structurées. La notion de normalité ne paraît s'appliquer qu'à un état d'adéquation fonctionnelle harmonieuse au sein d'une structure fixe, qu'elle soit névrotique ou psychotique, alors que la pathologie correspondrait à une rupture d'équilibre au sein d'une même lignée structurelle.

Chez l'enfant, le paragraphe précédent (« La psychopathologie infantile ») a montré en quoi l'approche psychopathologique se doit d'être différente de celle utilisée chez l'adulte. Variabilité, changement, mouvement de progression et de régression du côté de l'enfant mais aussi difficultés à reconnaître les phénomènes pathologiques du côté des parents viennent considérablement compliquer l'appréciation clinique globale du normal et du pathologique. L'étude de l'évolution des conduites et des symptômes, de leur modification ou de leur stagnation dans le temps s'imposent d'autant plus avant de porter une quelconque hypothèse diagnostic.

30. La *maladie caractérielle* correspond à un inachèvement structurel; ce qui est culpabilisé chez le névrosé est, dans ce cas, intégré dans le caractère.
31. Le terme *pervers* est souvent utilisé de façon ambiguë dans la mesure où il peut recouvrir plusieurs sens. Il s'agit généralement de conduites ou de comportements jugés déviants par rapport à la norme. Au plan étymologique, pervers veut dire « tourné de travers », « détourné ». Au plan psychopathologique, il s'agit, selon J.-L. Lang (1979), de personnes ayant une « organisation morale défectueuse […] À côté de la perversité (malignité, cruauté, agression, primauté de l'agir, externalisation des conflits, signes généraux de déséquilibre mental) […] il y a la perversion où la satisfaction sexuelle est recherchée sur un mode privilégié : c'est la perversion, fétichiste, exhibitionniste, sadique, homosexuelle ».

2

DYNAMIQUE DU DÉVELOPPEMENT : APPORTS CONCEPTUELS

1. La construction de la personnalité

Les psychologues du développement considèrent, chacun à leur manière, que l'enfant en symbiose affectivo-émotionnelle avec autrui ne s'en dégage que très progressivement et que le problème central est celui de son individuation et de la construction de sa personne (voir R. Zazzo, 1960).

Précisons que l'acquisition de compétences fonctionnelles ne suffit pas à construire une personne. Les conduites humaines sont le produit du tissu culturel et social. Elles dépendent, en leur fond, du legs psychique de ceux qui nous ont fait naître et être. C'est ainsi que la structuration et la dynamique de développement interrogent les liens entre les phénomènes de transmission et le processus de subjectivation « sans lequel aucun bébé ne peut devenir une personne » (S. Lebovici, 1989). Une compréhension approfondie de la complexité de cette construction devrait permettre de parler de l'ontogenèse de la personne et du sens de Soi, de la mise en place de l'appareil psychique, de l'émergence de la pensée et des premières représentations mentales, de l'instauration des processus précoces de symbolisation, ce qui dépasse l'objet de cet ouvrage.

La psychanalyse donne la primauté aux sensations, à l'ancrage corporel, à la primauté d'un Moi-corps fortement mis en avant par S. Freud lui-même : dès 1925, Freud soulignait, dans son étude intitulée *La Négation*, que « toutes les représentations sont issues de perceptions, qu'elles en sont des répétitions ». D'autres auteurs ont ensuite développé ce thème, notamment D. Anzieu qui a développé la notion de « Moi-peau » (1985). Tous les processus psychiques régissant les conflits internes et la vie relationnelle s'ancrent dans l'exercice des fonctions somatiques lors du premier développement, notamment des fonctions sensorielles. Ce processus est soutenu par la mère qui joue le rôle de pare-excitation, filtrant et dosant la quantité des excitations externes supportables par le bébé.

Mais la séduction primaire de l'enfant par la mère est, pour J. Laplanche (1987), à l'origine des premiers autoérotismes et de la sexualité. Cet auteur met l'accent sur les effets sur l'enfant de l'inconscient de la mère. Le message sexuel maternel habite et parasite les soins maternels ; il est énigmatique parce qu'il excède – dans une perspective économique – les possibilités de compréhension et de maîtrise du nourrisson mais, qui plus est, il est « incompris par celui qui l'émet ».

La psychologie rend compte du rôle des relations précoces réelles avec l'objet et avec son entourage. Elle considère le processus psychosocial comme moteur de la maturation générale.

Les travaux les plus récents montrent que le bébé est un être social, affectif, actif et se régulant lui-même (D. Stern, 1985 ; R.N. Emde, 1992). Le processus de socialisation se fait progressivement grâce à l'acquisition de mécanismes psychologiques majeurs, mais l'enfant est, dès ses premiers jours d'existence, un être social. L'étude des interactions montre qu'il est un être actif et interagissant avec les objets physiques et sociaux. Plus tard, son autonomie s'élargira d'autant plus qu'il sera capable de prédire les événements de son environnement, et ainsi de contrôler celui-ci plus efficacement. Un tel mouvement psychique dynamique va affermir son Soi, ce qui s'exprimera par un sentiment d'estime de soi réel en conformité avec ses ressentis, ses idéaux, ses projets. Le mécanisme psychologique majeur qu'est l'intériorisation des règles, des lois et des idéaux (ce que la psychanalyse appelle « introjects ») permet le développement de la socialisation. Le développement du rapport au réel est un élément conjoint de la socialisation dans la mesure où les perceptions (bonnes ou mauvaises, correctes ou biaisées, menaçantes ou sécurisantes) que l'enfant a des autres et ce qu'il pense de leurs intentions déterminent sa manière d'agir vis-à-vis d'eux. Ses actions, et donc les ajustements divers aux situations qu'il va rencontrer, vont dépendre de l'interprétation qu'il fait du monde, des pensées et/ou des actes d'autrui et de ce que lui-même ressent. L'enfant interprète donc le monde social en fonction de sa personnalité, de ses expériences psychosociales, du sens subjectivement élaboré de sa relation à autrui. Le niveau de pensée favorise la prise en compte des éléments de la réalité, par exemple quand l'enfant comprend que l'autre peut avoir un point de vue différent du sien. Les apprentissages sociaux se font d'abord en différenciant les personnes « père » et « mère » des autres personnes, les personnes connues des personnes inconnues ; le développement des habiletés à communiquer va favoriser ce phénomène.

En somme, la personnalité permet à un individu de s'adapter à des situations nouvelles ; elle reflète aussi son originalité. La psychologie a montré le rôle majeur de l'apprentissage ou de l'acquis, des relations émotionnelles précoces et de la réalité vécue dans le développement et l'épanouissement de la personne. De fait, la personnalité regroupe l'ensemble des éléments constituant le psychisme. Ces éléments évoluent constamment chez l'enfant et chez l'adolescent en fonction des expériences vécues et de la maturité psychique liée à l'âge ; ils sont un « mixte original » de la structuration affectivo-émotionnelle et cognitive.

La personnalité permet de distinguer chaque individu dans ce qu'il a d'unique ; elle ne résulte pas d'une association ou d'une juxtaposition de traits psychologiques mais d'une organisation interne structurée par le désir et les expériences de vie.

La définition du terme *structuration* sera différente selon le modèle utilisé. En psychologie cognitive, on parle de hiérarchisation dans les systèmes de relations entre des stimuli et des réponses. En psychopathologie, la structure équivaut à l'état psychique constitué d'éléments dynamiques profonds et fondamentaux dépendants de l'histoire relationnelle précoce puis tardive, faite de réaménagements psychiques constants pendant la période de l'enfance et de l'adolescence. Ces éléments dynamiques se stabilisent enfin pour donner la structure.

La personnalité se manifeste au sujet à travers l'image qu'il a de lui-même (représentation de soi), à travers ses émotions, ses fantasmes (dimension inconsciente), et sa vie imaginaire (dimension consciente). Elle se manifeste aux autres par les comportements, les expressions somatiques et par les productions langagières, de lui-même. Elle est une émanation au plan intrapsychique et relationnel de la structure de base d'un individu, qui ne peut être – en théorie – définitivement organisée qu'à l'âge adulte. Il y a des moments importants dans la vie de l'enfant faits d'expériences subjectives qui mobilisent des niveaux d'organisation spécifiques qui constitueront le tissu de base de sa personne.

2. Apports conceptuels

2.1 Les stades libidinaux ou les étapes du développement psychosexuel

Le concept de *libido* est complexe dans la théorie psychanalytique puisqu'il évolue avec les réaménagements constants de la théorie des pulsions (poussée ou charge énergétique dont le but est de supprimer un état de tension). La libido serait « l'énergie postulée par Freud » (J. Laplanche et J.-B. Pontalis, 1967) de la pulsion sexuelle (il s'agit du désir et d'une partie du champ pulsionnel). Elle s'oppose aux pulsions d'autoconservation si bien qu'elle a toujours eu pour Freud un caractère sexuel. La libido apparaît comme concept « quantitatif ». Pour Freud (1905) (cité par J. Laplanche et J.-B. Pontalis, 1967), « sa production, son augmentation et sa diminution, sa répartition et son déplacement devraient nous fournir les moyens d'expliquer les phénomènes psychosexuels ». Autrement dit, « c'est l'énergie [...] des pulsions qui ont à faire avec tout ce que l'on peut comprendre sous le nom d'amour » (S. Freud, 1921). La libido est une transformation de la pulsion sexuelle. Elle investit des objets selon des modes différents : lorsqu'elle choisit comme objet la personne propre, il s'agit de libido du moi ou de la libido narcissique ; lorsqu'elle investit un objet extérieur, il s'agit de la libido d'objet.

Précisons que, pour Freud, la sexualité ne désigne pas seulement les activités et le plaisir qui dépendent du fonctionnement de l'appareil génital mais toute une série d'excitations et d'activités présentes dès l'enfance. Ces activités « mettent en jeu des zones corporelles (zones érogènes) qui ne sont pas seulement les zones génitales, et recherchent un plaisir (succion du pouce, par exemple) indépendamment de l'exercice d'une fonction biologique (nutrition, par exemple) » (J. Laplanche et J.-B. Pontalis, 1967, p. 144).

La *pulsion*[1] est définie comme une poussée, c'est-à-dire un apport d'énergie dans l'appareil psychique, qui a une source dans une zone du corps où se crée une excitation (la zone buccolinguale, les lèvres, la zone anale, la zone génitale). Le but est de supprimer l'état de tension provoqué par cette poussée

1. La *pulsion* est à différencier de l'*instinct* qui a un but fixé.

(succion du pouce pour diminuer la tension orale, partenaire sexuel pour diminuer la tension libidinale). Cet objet est non spécifique, contingent et variable en fonction des expériences et de l'histoire du sujet. Il change au cours du développement libidinal. La psychanalyse subdivise le développement libidinal en cinq grandes étapes (ou stades) : l'étape orale (0-1 an), l'étape anale (1-3 ans) et l'étape phallique (3-5 ans), la période de latence (5-12 ans) et le stade génital (adolescence). Il est à préciser que ces stades sont structurants et normatifs.

L'étape orale (0-1 an)

La zone buccale est le siège de sensations motrices, tactiles, gustatives. Le plaisir oral prend appui sur le besoin alimentaire puis s'en détache, c'est ainsi que la bouche devient « zone érogène » ou zone de plaisir, plaisir que Freud qualifie de « sexuel ».

Cette étape s'étend de la naissance au sevrage. Lorsque l'activité de succion s'exerce pour elle-même, elle devient le prototype du plaisir auto-érotique. L'enfant aime ce qu'on lui met en bouche et par extension la mère ou tout autre substitut lié au plaisir de la tétée. Notons qu'il ne faut pas limiter l'univers de l'oralité uniquement au lait, au sein et à la seule tétée. En effet, d'autres éléments s'y mêlent, comme le bercement, le regard maternel, le soutien des mains, le bain, la toilette, etc., et font partie d'un ensemble de sensations de plaisir. À ce stade, la mère est le premier objet d'amour et cette relation amoureuse s'établit selon un mode de relation orale de l'enfant à l'objet où l'absorption (mettre à l'intérieur de soi) est le mécanisme clé. Plus tard, K. Abraham (1924) « introduit un deuxième temps au stade oral : le stade *sadique-oral*. Ce stade est marqué par l'apparition des dents et l'activité de morsure. L'incorporation y prend le sens d'une destruction de l'objet, ce qui implique l'entrée en jeu de l'ambivalence dans la relation d'objet » (J. Laplanche et J.-B. Pontalis, 1967, p. 458).

L'étape anale (1-3 ans)

C'est le deuxième stade de l'évolution libidinale, où prime la zone érogène anale. « La relation d'objet est imprégnée de significations liées à la fonction de défécation (expulsion-rétention) et à la valeur symbolique des fèces »

(J. Laplanche, J.-B. Pontalis, 1967, p. 460) Pendant la deuxième année se développe la période « d'apprentissage de la propreté », qui s'étend de 1 à 3 ans environ. Lors de la période de nourrissage, l'enfant n'est pas soumis à d'importantes restrictions car l'entourage satisfait ses besoins. Or, désormais, il va se heurter aux interdictions du milieu parental. L'interdit moteur occupe une place importante alors que l'enfant expérimente la marche, et par conséquent des relations objectivement dangereuses. Grâce à la maturation de son système neuromusculaire, il peut se déplacer et réguler ainsi sa distance avec l'objet, mais il est poussé par sa pulsion à manipuler, à triturer, casser, déchirer, broyer. Il s'amuse à jeter les objets et son plaisir redouble à les jeter de nouveau quand l'adulte ramasse l'objet en question. L'activité musculaire exprime l'agressivité naturelle à ce stade mais elle n'est pas encore structurée. Les objets sont des prolongements de cette activité et permettent la décharge tensionnelle.

Cette étape est marquée conjointement par le plaisir de la décharge motrice et par le déplaisir des interdictions parentales. L'ambivalence affective de l'enfant pourra s'exprimer à travers les modes de rétention et d'élimination. K. Abraham (1924) distingue deux phases dans le stade sadique-anal, et à chaque fois deux types de comportement par rapport à l'objet :
- dans la première phase, « l'érotisme anal est lié à l'évacuation ; la pulsion sadique est liée à la destruction de l'objet » ;
- dans la deuxième phase, « l'érotisme anal est lié à la rétention ; la pulsion sadique est liée au contrôle possessif » (J. Laplanche, J.-B. Pontalis, 1967, p. 461).

L'acquisition de la maîtrise sphinctérienne se fait dans le temps et dans l'espace ; d'une pure activité réflexe, elle devient active. Les injonctions maternelles jouent considérablement à l'égard de l'enfant alors qu'il est pris dans une relation de domination-soumission à un moment où le plaisir est attaché à une maîtrise nouvelle qui ouvre l'enfant à l'autonomie. Puis, dans un processus de construction du moi qui passe par la socialisation, cette maîtrise, valorisée au départ, est ensuite dissimulée au regard d'autrui. On observe conjointement un affermissement du moi et de ses limites. De fait, lorsque la relation d'objet de domination et de soumission est problématique, la construction fantasmatique liée à l'oralité s'en trouve perturbée.

L'étape phallique (3-5 ans)
Cette étape est ainsi nommée parce que la psychanalyse considère qu'à ce moment, l'enfant (garçon ou fille) ne connaît qu'un seul organe génital, l'organe mâle ; l'opposition des sexes n'est perçue que comme une opposition phallique-châtré.

Au cours du stade phallique, qui se situe entre 3 et 5 ans, les organes génitaux deviennent la zone érogène dominante. Les tensions se déchargent principalement par la masturbation génitale accompagnée de fantasmes. C'est lors de cette phase phallique qu'est vécu, avec le plus d'intensité, le complexe d'Œdipe[2]. Ce complexe naît de l'ensemble des désirs amoureux et hostiles de l'enfant pour ses parents.

Sous sa forme dite positive, il se présente pour le garçon comme un conflit entre ses tendances libidinales plus ou moins génitalisées à posséder sa mère pour lui tout seul et la culpabilité qu'il éprouve à souhaiter, pour ce faire, la disparition de son rival, le père. L'angoisse de castration l'amène à renoncer à la possession exclusive de la mère. La forme dite négative du complexe d'Œdipe implique l'attachement au parent du même sexe et la haine jalouse pour le parent du sexe opposé. En fait ces deux formes se retrouvent à des degrés divers dans la forme dite complète du complexe d'Œdipe. Chez la fille, le complexe d'Œdipe naît des déceptions de ses relations avec la mère, et principalement l'absence de pénis. L'envie du pénis est remplacée par le désir d'avoir un enfant du père.

Le déclin du complexe d'Œdipe marque l'entrée dans la période de latence, au cours de laquelle le développement sexuel subit un temps d'arrêt ou de régression. Ce déclin répond à l'impossibilité pour l'enfant de réaliser son double désir amoureux et criminel. Selon D. Lagache, cette période correspond à une décroissance de la poussée pulsionnelle déterminée par la culture plutôt que par la croissance biologique. L'enfant oublie la « perversité polymorphe » des années précédentes et développe contre les pulsions

2. Lorsque les pulsions sexuelles sont dirigées vers le parent de sexe opposé, on parle de *complexe d'Œdipe*. L'enfant est animé d'un intense désir sexuel pour le parent de l'autre sexe, ce qui l'amène à considérer le parent du même sexe comme un rival à écarter. Dans cette dialectique intersubjective et intrapsychique, l'amour pour le parent de l'autre sexe va de pair avec la haine pour le parent du même sexe.

l'éthique de la moralité. S. Freud admet cependant que cette évolution, conditionnée par l'organisme et fixée par l'hérédité, peut parfois se produire sans aucune intervention de l'éducation. Au cours de la résolution de l'Œdipe, se produisent des modifications importantes. Le refoulement va se montrer particulièrement actif durant la période de latence, les mécanismes d'identification vont reprendre une activité essentielle ; en effet, ne pouvant supprimer un rival gênant, l'enfant cherche à s'identifier à lui, ce qui est une façon de ne pas perdre de vue son but œdipien de conquête de l'autre parent, puisqu'il cherche à faire comme celui à qui réussit cette conquête. Le grand avantage évolutif de ce processus d'identification est que l'enfant supporte ainsi que la réalisation de ses désirs soit différée. Il s'opère donc tout un jeu de déplacements successifs des affects sur des objets nouveaux en même temps que tout un jeu de défenses contre ces mêmes affects positifs ou négatifs. L'acte le plus évolutif de ces déplacements et de ces défenses est constitué par les formations réactionnelles[3] donnant lieu à des contre-investissements et une véritable redistribution des énergies pulsionnelles. Le refoulement des pulsions sexuelles ménage un terrain neutre, non conflictuel, qui favorise les acquisitions éducatives et développe les intérêts cognitifs.

La période de latence (5-12 ans)

Autour de 6 ans environ, la période de latence s'installe après l'intériorisation du Surmoi. Pour la psychanalyse, le Surmoi est l'instance qui prend valeur de modèle et fonction de juge, une fois intériorisés les exigences et les interdits parentaux. « L'enfant, renonçant à la satisfaction de ses désirs œdipiens frappés d'interdit, transforme son investissement **sur** les parents en identification **aux** parents, il intériorise l'interdiction » (J. Laplanche, J.-B. Pontalis, 1967, p. 472).

L'action du Surmoi se fait sentir par une réduction considérable des intérêts de l'enfant pour la sexualité alors que parallèlement, il s'intéresse de plus en plus à la scolarité et développe des intérêts grandissants pour ses camarades, autrui et le monde social. L'enfant se discipline et accepte des

3. La *formation réactionnelle* s'oppose à un désir refoulé inconscient, par exemple une tendresse excessive d'une mère à l'égard de ses enfants, sous-tendue par des sentiments de haine inconscients.

rythmes réguliers (repas, bains, école) ; il a été évoqué que le Moi s'obsessionnalisait, c'est-à-dire qu'il élaborait des formations réactionnelles telles que le dégoût, la pudeur, la morale. Freud (1905) parle de « contre-forces psychiques » qui servent à lutter contre les tendances perverses, comme, par exemple, le plaisir de manipuler les excréments ou de salir. De même, l'agressivité est transformée en tendresse, dévotion, respect pour le parent du même sexe ; elle prend la forme de la sublimation[4] pour le parent du sexe opposé (voir J. Laplanche et J.-B. Pontalis, 1967). Ces mouvements de sublimation à l'œuvre permettent un équilibre psychique. On observe un déplacement des conflits sur des substituts des images parentales (professeur, parent d'un ami) ; ce processus favorise la liquidation du complexe d'Œdipe. Cet équilibre s'exprime du fait que la latence est « aconflictuelle ». Précisons que les conflits restent présents mais qu'ils sont mis en veilleuse. Il faut rester vigilant quant aux symptômes névrotiques qui peuvent apparaître à cette période, dans la mesure où ils risquent d'être l'expression d'une pathologie ; en effet, si le travail de refoulement des désirs œdipiens ne s'accomplit pas correctement, le Moi souffre en achoppant dans son travail de synthèse et dans sa fonction adaptative. En d'autres mots, un tel phénomène est un signe de névrose.

Le stade génital (adolescence)

La puberté fait flamber les pulsions mises transitoirement en latence. Les changements physiologiques réveillent les désirs qui se dirigent désormais vers les pairs du sexe opposé. Ce stade génital correspond à l'adolescence, étape de remaniements intrapsychiques intenses ; le but principal est l'ouverture à la sexualité adulte.

2.2 Les organisateurs de la vie psychique

Le concept d'*organisateur* a été proposé par R. Spitz en 1958 et a été emprunté à l'embryologie. Il désigne un lieu vers lequel convergent diverses lignes de développement, à certaines périodes, où se trouvent des agents et

4. La *sublimation* permet une désexualisation de la pulsion et une dérivation vers des activités socialement valorisées.

des éléments qui à leur tour influencent le développement à venir. Les organisateurs sont ainsi à la convergence de capacités nouvelles, dues à la maturation psychologique. Ils influencent le système psychique avec pour résultat une restructuration à un niveau plus complexe, et cela, à certains moments évolutifs qui constituent des phases de crises ou des tournants du développement. Un passage réussi d'une phase à l'autre sert de « catalyseur » (J. Ajuriaguerra, 1974) pour avancer dans le développement de l'enfant.

Les organisateurs ne sont pas visibles et ne sont repérables que par des « indices » qui sont des manifestations témoignant de ce développement ou progrès évolutif. Lorsque l'indice apparaît, on en déduit que l'organisateur a rempli sa fonction de restructuration.

R. Spitz (1958) décrit trois organisateurs :

– le premier a pour indice la réponse par le *sourire,* indice qui apparaît normalement au 3e mois. L'enfant répond par un sourire à toute sollicitation, quelle que soit la personne qui en est l'auteur. Cette réaction témoigne de l'acquisition d'un nouveau mode de comportement ;

– le deuxième a pour indice la réponse à l'angoisse à l'approche d'un inconnu, alors que la réponse par le sourire persiste à l'approche de la mère et des personnes familières. Cet indice apparaît normalement au 8e mois. On l'appelle l'*angoisse du 8e mois*. Elle témoigne d'une aptitude à la différenciation des objets ;

– le troisième a pour indice le *non*, soit par un secouement de la tête négatif, soit par la parole. Cet indice apparaît normalement au 15e mois. Il témoigne de l'acquisition d'un pouvoir de jugement et d'une possibilité d'abstraction.

Dans les moments pathologiques, les organisateurs peuvent être défaillants. Les processus de développement psychique s'arrêtent, mais la maturation continue, ce qui entraîne un déséquilibre et devient source de troubles psychiques.

2.3 L'environnement et les soins maternels

D.W. Winnicott (1969) a souligné qu'on ne pouvait isoler le bébé de son environnement, c'est-à-dire de ce qu'il appelle les soins maternels. Ces soins font partie de l'environnement psychique du bébé ; ils le soutiennent, le contiennent et vont avoir un rôle majeur dans le développement de ses frontières corporelles et des frontières de son Moi.

Il distingue trois aspects dans cette fonction de l'environnement :
– le *holding* ou la façon dont l'enfant est psychiquement porté. Les défaillances dans le *holding* entraînent une mauvaise intégration du Moi dans le temps et dans l'espace ;
– le *handling* ou la manière dont l'enfant est soigné, traité, manipulé. Les défaillances du *handling* altèrent la « personnalisation » du Moi, c'est-à-dire la perception des limites du corps et de soi ;
– l'*object presenting* ou la manière dont la mère présente à l'enfant les objets, le monde environnant et par extension ce qu'on pourrait appeler la réalité partagée. L'attention et la disponibilité maternelles vont contribuer de manière fondamentale à réguler le rapport au réel ; de cela va dépendre la cohérence et l'unité de l'édifice de son Soi, du bon développement de ses capacités créatrices et fantasmatiques, et de ses capacités à initier des échanges significatifs avec le monde extérieur. Ces différentes interactions permettent d'appréhender la manière dont les comportements de l'enfant et de la mère s'agencent l'un par rapport à l'autre, tout d'abord au niveau des interactions corporelles. Notons qu'à ce niveau la référence aux notions développées par D.W. Winnicott (1969) (le *holding,* le *handling* et l'*object presenting*) est essentielle.

L'étude des interactions visuelles est aussi cliniquement riche d'intérêt. Là encore la référence majeure est D.W. Winnicott (1969) qui s'attache à souligner le rôle de miroir de la mère et de la famille dans le développement de l'enfant. Pour lui, le précurseur du miroir est le visage de la mère : le bébé voit les yeux de sa mère et sa mère en train de le regarder. Le regard du bébé a des effets importants sur la mère, il est souvent ressenti comme gratifiant et valorisant. Réciproquement, le regard de la mère augmente la tendance du bébé à fixer les yeux sur le visage de celle-ci. P. Mazet et S. Stoleru (1988) considèrent que ce regard mutuel donne l'impression que mère et enfant « se noient » dans le regard l'un de l'autre ; le regard représente alors l'une des modalités de « fusion » primitive mère-enfant. En fait, le regard facilite la constitution du Soi de l'enfant, et dans cet échange regard-psyché, la coloration affective contribue à édifier la psyché.

Les interactions vocales constituent un mode privilégié de communication. Elles jouent, pour J. Bowlby (1984), un rôle important dans l'attachement, favorisant le rétablissement d'une proximité spatiale entre la mère et le bébé. Certains auteurs ont parlé de « cordon ombilical acoustique ». D'autres ont montré que la promptitude de la réponse des mères aux cris de leurs bébés favorise chez ces derniers le développement de modes de communication plus riches et plus variés. De plus, les nourrissons dont les mères ont prodigué un *holding* riche et tendre, au cours des premiers mois, semblent se satisfaire de contacts physiques étonnamment peu fréquents à la fin de la première année. Mais le plus important à souligner est que la rapidité des réponses des mères aux cris de leur enfant est associée à une richesse et à une tendresse plus généralisées de leur *holding*, de leurs affects, et de leurs vocalisations.

Ces différentes modalités de communication entre la mère (le père ou le substitut maternel) et son bébé vont leur permettre d'exprimer leurs états affectifs ou le « bain d'affects » dans lequel ils vont partager des moments d'harmonie, d'*accordage affectif*[5] (D. Stern, 1985). Au cours des interactions affectives, les mimiques, le regard, les vocalisations, les différentes attitudes posturales, le tonus de la mère sont transmis au bébé lorsque celle-ci le tient dans ses bras, par exemple. La mère, sans le vouloir consciemment, fait participer le bébé à la conversation. Au cours d'un entretien, lorsqu'une mère parle de l'alimentation de son bébé, elle le met dans une position proche de celle de l'allaitement tandis que lorsqu'elle parle des changes de son bébé, elle le place à plat ventre sur ses genoux.

Avec l'apparition des organisateurs de la vie psychique (R. Spitz, 1958), et notamment dès l'apparition du sourire, les parents saisissent ce que le bébé vit subjectivement et ce dernier ressent l'affect que ceux-ci voudront lui attribuer.

5. Le concept d'*accordage affectif* est important au plan théorique, pratique et thérapeutique. Il se réalise à travers les modes sensoriels. La mère s'accorde avec le bébé par des gestes ou par des expressions du visage. D. Stern (voir S. Lebovici et F. Weil-Halpern, 1989) donne un exemple d'accordage : « Un petit garçon de neuf mois est assis en face de sa mère. Il agite avec la main un petit hochet, de haut en bas, avec une expression d'intérêt et d'amusement. Tout en le regardant, sa mère commence à hocher de la tête de bas en haut en conservant le même rythme que celui des mouvements du bras de son fils. »

La peur face à l'étranger exprime un processus actif de séparation d'avec sa mère. Les interactions visuelles favorisent l'accordage affectif entre la mère et son nourrisson et le contact œil à œil est fondateur de l'attachement réciproque. Certains auteurs ont parlé d'« aimantation du regard », comparant ce mécanisme à ceux de l'empreinte du visage « désanimé » d'une mère déprimée. En fait, cela revient à dire que l'animation du visage de la mère détermine chez l'enfant un éprouvé interne vivant et sécurisant ; à l'inverse, sa « désanimation » entraîne un éprouvé de vide, de manque, d'absence, générateur de « chaos ». L'atrophie créative en est la conséquence. C'est ainsi que le visage de la mère – au lieu d'être un miroir – devient une chose et est traité par l'enfant comme un objet inanimé. Le risque est alors grand pour que cette fonction visuelle de l'enfant se transforme en une fonction purement perceptive et défensive. Ne recevant rien, le bébé organise son retrait. Associée à la dépression maternelle, ce surinvestissement visuel s'oppose au ressenti de vide. Le bébé va s'accrocher et investir la réalité perceptive pour devenir actif, c'est-à-dire qu'en l'absence du regard de la mère et de ses paroles, il va donner un sens à lui tout seul. Il se peut donc que, parallèlement à ce désinvestissement psychique maternel, l'enfant réalise un désinvestissement de sa propre réalité psychique et un investissement compensateur de sa propre réalité matérielle (Lanouzière, 1991). Chez tout enfant, il y a une faim de stimuli et, même chez des enfants de mères déprimées, il y a une quête perceptive accrue, une recherche d'indices sur les dispositions internes de celle-ci.

Si la fonction maternelle est déterminante, il ne faut pas oublier le rôle tout aussi important du père et de sa présence à côté de la mère et de l'enfant. La manière dont il intervient dans la dyade mère-bébé et le type de relation du couple peuvent faciliter, freiner, moduler le fonctionnement dyadique. Il a été décrit une interaction père-bébé plus physique, plus stimulante que l'interaction mère-bébé. Le jeu est plus physique, plus stimulant qu'intellectuel, didactique ou médiatisé par les objets comme c'est le cas avec les mères. Les pères présentent une approche plus ludique et excitante, au contraire des mères qui jouent visuellement à distance pour maintenir l'attention de l'enfant. De ce fait, il semblerait que le nourrisson manifeste une attitude différente envers son père et envers sa mère. Le bébé ressent le père comme plus actif et agressif, plus brusque, plus distant que la mère ; l'attitude du père favorise l'indépendance et l'agressivité du bébé. Le père peut alors devenir un médiateur de la séparation, le catalyseur de la sublimation de l'agressivité au moyen du jeu.

2.4 Le processus de séparation-individuation

Pour M. Malher (1967), l'enfant se développe en trois phases : la phase d'autisme normal ; la phase de symbiose normale ; la phase de séparation-individuation. Pour cet auteur, si l'une de ces phases se trouvait être escamotée, insuffisamment intégrée ou échouée, cela entraînerait des troubles chez l'enfant. C'est ainsi que la première phase donnerait lieu à l'autisme infantile, la seconde à la psychose symbiotique et la troisième à la personnalité limite.

La phase d'autisme normal (0-2 mois)

Cette phase correspond à la gestion du vécu de plaisir-déplaisir, de tension et d'abaissement de tension par le nouveau-né qui cherche constamment à reconstruire un équilibre homéostatique proche de ce qu'il a vécu dans le ventre maternel. La mère exerce un rôle de pare-excitation, c'est-à-dire qu'elle le protège des stimulations externes en pourvoyant aux besoins fondamentaux. Lorsque le nouveau-né associe la réduction de tensions désagréables à des caractéristiques maternelles qu'il repère par leurs répétitions (tonalité de la voix, particularité des caresses, de l'odeur, etc.), il associe le soulagement éprouvé à l'action d'une autre personne. Le fait de percevoir que ce qui est corporellement ressenti est dû à l'autre fonde une première distinction, élémentaire, entre soi et l'autre. La non-distinction, par absence d'intégration de l'action d'un autre, serait, pour M. Malher, à la source de l'autisme.

La phase de symbiose normale (2-5 mois)

Le fantasme d'une unité symbiotique mère-bébé se développe ; il s'agit de la croyance de n'être qu'un et d'être tout-puissant face au monde. Les réactions affectives primaires du bébé sont communiquées à la mère par les cris, les pleurs, les sourires, etc. La disponibilité et la sensibilité maternelles vis-à-vis de ces manifestations procurent au bébé une sensation de bien-être et engagent des échanges interactifs émotionnels primaires connotés positivement. La mère et l'enfant se comprennent et développent ainsi une sorte de code intime. La mémorisation de cette expérience sous forme de traces mnésiques est importante puisqu'elle préconstruit les relations sociales ultérieures. L'investissement d'une telle trace, grâce à une harmonisation affective de la relation mère-bébé, permet de différencier la mère des autres objets et indique une préreprésentation de soi.

La fixation ou la régression, pour des raisons diverses, à cette phase, conduiraient à la psychose symbiotique par maintien de la relation fusionnelle impliquant un rapport défectueux au réel. Ce qui permet de comprendre les états d'angoisse extrêmes vécus par les enfants psychotiques quand on les prive de leur « objet psychotique », un objet matériel qu'il considèrent comme un substitut maternel dont ils ne peuvent se séparer.

La phase de séparation-individuation (5 mois-3 ans)

Elle correspond à la naissance de Soi et de l'autre et est marquée par un véritable processus psychique de séparation-individuation. Progressivement, l'autre n'est plus un simple prolongement de soi, il devient une personne distincte. Conjointement à cela, l'enfant prend conscience de son autonomie, de sa capacité à agir sur le monde et à fonctionner indépendamment de sa mère. C'est la permanence interne (psychique) de l'objet affectif qui va permettre ce progrès majeur en passant par :

– la *différenciation* (l'enfant différencie sa mère et lui manifeste une préférence) ;

– l'*entraînement* (le moment de la conquête motrice et de l'exploration de l'environnement) ;

– le *rapprochement* et la *consolidation de l'individualité* (la symbolisation des actions et des objets est possible ; des sentiments nouveaux apparaissent comme la solitude, la dépression ou l'impuissance).

L'intériorisation des expériences de l'enfant avec sa mère et la représentation internalisée de la mère lui permettent de se sentir en sécurité, de tolérer la frustration, et de prendre confiance en lui. Il différencie alors la mère réelle de sa représentation et ses mouvements d'agressivité ou d'ambivalence peuvent être dirigés vers la représentation de la mère protégeant et préservant ainsi la relation à la mère réelle.

L'échec de cette troisième phase favoriserait l'établissement de troubles de la personnalité limite, s'exprimant soit par des angoisses de fusion, soit par des angoisses de perte de l'objet d'amour, soit par des angoisses de perte de l'amour de l'objet.

L'intérêt des travaux de M. Malher tient au fait qu'elle souligne l'importance des premières relations affectives mère-enfant, de leur rôle ultérieur à l'âge adulte, du rôle du processus évolutif de la séparation et de l'individuation et enfin de ses implications pathologiques en cas d'échec. Mais sa théorie présente des limites dans la mesure où elle est fondée sur l'analyse rétrospective de cas cliniques. Ainsi que nous l'avons souligné plus haut, les travaux plus récents réalisés à partir de l'observation directe contredisent son idée d'« état initial indifférencié » du nourrisson.

2.5 Les interactions précoces

Les interactions se définissent comme des réactions réciproques entre au moins deux phénomènes ou deux personnes ; il s'agit d'une réciprocité sous la forme d'actions ou d'influences. La réciprocité ne suffit pas puisqu'elle renvoie à un modèle causal linéaire qui n'a plus cours dans aucune science. Les théories de la communication ont apporté l'idée que la communication entre les individus se noue au sens fort selon un modèle circulaire complexe qui comporte des phénomènes de rétroaction encore appelés *feed-back*[6]. Pour J. Ajuriaguerra (1974), c'est parce qu'il y a réciprocité qu'il peut y avoir synchronie affective. L'interaction est un système dans lequel chaque partenaire modifie son action en réponse au *feed-back* provenant de l'autre. Des *patterns*[7] d'interaction réciproque s'organisent en périodes sensibles, différentes selon les types d'enfants et les types de mères, selon l'activité de l'enfant, selon la disponibilité de la mère et aussi en fonction de leur capacité

6. *Feed-back* est un terme employé par les Anglo-Saxons pour désigner une action de contrôle en retour en cybernétique ou en psychologie.
7. Le *pattern* ou *patron* est le modèle spécifique représentant de manière simplifiée la structure d'un phénomène humain.

à réagir aux signaux de l'autre ou à ceux des différents partenaires de cette interaction. Cela dépendra aussi de la façon dont la mère, qui a son propre rythme social d'activité, s'adapte au cours des premières semaines aux rythmes biologiques innés de son nourrisson et comment celui-ci supportera ces contraintes. En fait, ces conditions qui rendent ces *patterns* fonctionnels dépendent de la confrontation entre la mère et l'enfant, de leur activité et de leur réceptivité. On voit ainsi la richesse des variables qui se chevauchent dans ces spirales d'interaction sans qu'on puisse toujours distinguer celles qui seront déterminantes. Dans le cadre des interactions, on ne peut parler de « causalité directe univoque », c'est-à-dire que ce qui déclenche une modification au niveau du comportement de l'enfant par exemple ne peut être dissocié de la réponse qu'on obtient. Cela amène le psychologue à penser autrement le sens et la causalité puisque ce n'est plus ni la mère ou l'enfant, ni l'un ou l'autre, ni même les deux mais leur type d'interaction qui est en cause. Les actions réciproques et d'interdépendance mobilisent une pensée dialectique où l'être vivant se développe dans un milieu qui agit sur lui mais qui est aussi et en retour modifié par lui.

La théorie psychanalytique ne repose pas sur l'étude d'une causalité linéaire où le passé expliquerait le présent. Cette pensée est pour S. Lebovici bien naïve car elle oublie deux aspects fondamentaux de la causalité psychique que sont la temporalisation et la causalité au sens freudien du terme. La temporalisation implique que soit pris en compte le travail du temps qui ne se révèle que dans l'*après-coup* (*Nachträglichkeit*, adj. et adv. *nachträglich* ; ce terme est employé par S. Freud ; voir J. Laplanche, J.-B. Pontalis, 1967, p. 33). Cet après-coup va donner un autre sens au revécu et ce, qu'il s'agisse d'un comportement, d'un événement, d'un affect, ou d'un fantasme. Ainsi, le temps du développement donne un sens à ce qui s'est produit des années auparavant : le « se-faisant » interactif s'étant réorganisé à l'âge adulte sous la forme d'un comportement symptomatique.

La thèse de l'après-coup ne peut être expliquée par les théories les plus modernes sur le fonctionnement neurobiologique de la mémoire. Les neuroscientistes pensent que les bébés ne sont pas capables d'enregistrer les traces des événements qui ont eu lieu. Selon eux, la mémoire ne fonctionne que par un système de réseaux neuronaux qui se réveillent à la faveur de certaines circonstances analogues. La théorie de l'après-coup indique le pouvoir qu'ont les événements de donner un sens au passé, ce que l'on peut assimiler sensiblement à la notion de « rétroaction » très importante dans l'étude des systèmes familiaux et de la causalité circulaire qui y règne (voir S. Lebovici et M.-F. Castarède, 1992). S. Freud part de la constatation que des expériences, des impressions, des traces mnésiques se trouvent remaniées ultérieurement en fonction de diverses expériences et de phases nouvelles de maturité. Il s'est aperçu que la phobie, dans le cas de phases nouvelles de maturité, est un système défensif organisé contre le désir. Cela permet de comprendre que les éventualités qui se produisent au cours des interactions précoces vont constituer de véritables scénarios qui pourront alors être racontés au cours d'une séance d'analyse une fois le patient adulte. La notion de causalité en psychanalyse ne peut être centrée sur la succession dans le temps dans la mesure où il faut envisager le travail du refoulement. L'événement B ne survient pas parce que l'événement A est survenu quand on sait que le refoulement porte sur la représentation de l'événement A et non sur l'affect qui l'a accompagné. Cet affect se déplacera sur une autre représentation ; c'est ainsi que, dans la situation transférentielle, les affects peuvent reprendre leur place grâce au travail de reconstruction. L'effort pour donner un sens suppose un déplacement et aussi une modification du jeu des investissements et des contre-investissements des représentations.

La notion d'interaction est passée en une trentaine d'années de la cybernétique à la biologie, par le biais de la théorie générale des systèmes, puis à la psychologie et à la psychopathologie par l'intermédiaire de la même théorie appliquée à la communication humaine par les systémiciens. Les études sur les interactions permettent des recherches objectives minutieuses par l'utilisation de procédures expérimentales ; l'étude psychanalytique reconstruit le chemin qui va de la dépendance absolue des soins maternels, de la détresse initiale du nourrisson à une relative autonomie par rapport aux objets externes (M. Malher, 1967). Ainsi, lorsque les psychanalystes ont parlé de transaction dans les premiers moments de la relation d'objet, ils ont admis implicitement que la théorie de la dépendance initiale devait s'associer à une théorie de la « spirale transactionnelle où mère et bébé s'influencent mutuellement » (S. Lebovici, 1960, 1983). Il s'agit de comprendre comment les transactions dans le « se-faisant interactif » s'organisent dans le temps et dans l'espace pour donner lieu aux particularités structurales du fonctionnement psychique des enfants et des adultes (S. Lebovici, 1983). Généralement, l'étude des interactions précoces aborde trois types d'interactions : les interactions comportementales, les interactions affectives, et les interactions fantasmatiques.

Les interactions comportementales

Le bébé entre en communication avec son entourage et en particulier avec sa mère. Ils s'adressent mutuellement des messages par différents canaux sensoriels. L'étude des interactions comportementales s'intéresse à la manière dont le comportement de l'enfant et celui de la mère s'agencent l'un par rapport à l'autre sur les plans corporel, visuel et vocal ; elle permet de comprendre le rôle de la vie fantasmatique sur les comportements observés. On observe comment la mère réagit à l'activité du bébé et si elle s'y adapte adéquatement. Par exemple, lorsque le bébé placé sur ses genoux semble par ses mouvements vouloir descendre sur le sol, la mère peut adopter différents comportements : elle peut soit l'aider et le poser délicatement, soit continuer de discuter avec son interlocuteur. On peut alors penser que les signaux envoyés par l'enfant ne parviennent pas à la mère ou que même s'ils lui parviennent, ils n'influent pas sur sa conduite qui pourrait consister à réajuster le bébé sur ses genoux dans une position plus stable en le maintenant plus fermement dans cette position. Ainsi, dans le cas où elle aurait perçu l'intention du bébé, la mère va à l'encontre de son désir. Cet exemple montre l'importance de la notion de « réciprocité » dans l'interaction. La réciprocité correspond à la façon dont les partenaires de l'interaction (mère, père, bébé) perçoivent les signaux de l'autre et comment ils y répondent. Par exemple, le comportement maternel est-il en synchronie avec les images de bébé ou va-t-il à l'encontre de ces derniers ? Les comportements décrivent ainsi des caractéristiques maternelles lourdes de conséquences sur l'enfant et sur leur relation actuelle et future.

L'exemple des premières expériences alimentaires évoquées par I. Lézine (cité par S. Lebovici, 1983) est également évocateur. Certaines mères, catégorisées comme rigides, sont crispées, s'installant inconfortablement pour tenir le bébé, évitant le contact peau à peau, le forçant à boire, impassibles devant les larmes du bébé, se montrant en somme insensibles à son bien-être. On voit ici l'inadéquation interactive au plan comportemental. Ce comportement suggère l'existence de certaines particularités psychiques maternelles. Mais autre fait important, l'interaction est « un processus dynamique et [...] qui évolue dans le temps, certaines mères, très rigides initialement, évoluent et deviennent attentives aux besoins du bébé. De même le bébé, par sa maturation change également, devient plus attentif » (S. Lebovici, 1983).

Les interactions affectives

Les expériences intersubjectives se développent dans un « bain d'affects » (S. Lebovici, 1983). La mère communique ses affects en interprétant les besoins et les désirs du bébé. Pour cela, elle utilise ses capacités d'empathie lui permettant de percevoir les états affectifs de ce dernier. Lebovici et Weil-Halpern citent les termes de D. Stern (1989) selon lesquels l'aspect le plus mystérieux de la relation parent-enfant « concerne la manière dont chacun sait ce que l'autre vit subjectivement ». Le phénomène de l'accordage affectif est le moyen de percevoir l'état interne du partenaire, sachant qu'il est l'effet d'une traduction d'une conduite. D. Stern donne l'exemple suivant : « un petit garçon de neuf mois frappe d'une main un jouet mou, d'abord avec une certaine colère, puis progressivement, avec plaisir et exubérance, et même avec humour. Il développe un rythme constant. Sa mère s'accorde sur son rythme et dit « hooop-boum, hooop-boum », le « boum » tombant au moment où l'enfant frappe, et le « hooop » au moment où, préparant son geste, il retient en l'air son bras avant de le laisser retomber ». Le plus important dans ce phénomène est que la communication interpersonnelle d'affects amène l'enfant à reconnaître que ses états affectifs internes peuvent être partagés. Lorsqu'il n'y a pas d'accordage, ces états vont demeurer isolés de tout contexte interpersonnel. L'étude des interactions affectives montre la diversité et la précocité des modes d'expression sensorielle (vue, goût, odorat, etc..) du bébé. Leur richesse se développe grâce à ses « affects de vitalité » ou « affects de vie » ; leur finesse représentationnelle s'exprime à travers les capacités du bébé à traduire une modalité sensorielle dans une autre ; cette capacité est encore appelée « perception amodale ». Nous développons ces notions dans la dernière partie de ce chapitre, dans « Le développement du sens de soi ».

Les interactions fantasmatiques

En 1983, S. Lebovici précise que ce terme d'« interaction fantasmatique » a déjà été utilisé par L. Kreisler et B. Cramer en 1981. L'enfant est le produit des désirs anciens de maternité. Il est l'enfant des conflits infantiles et refoulés des parents, celui du conflit œdipien, celui des fantasmes infantiles de la mère qui aimant son père comme sa mère aime ce dernier, voulait un enfant de lui. Ainsi, cet enfant est l'enfant du grand-père maternel. Cet enfant est l'objet d'une dette, faite de culpabilité et de honte à l'égard de la grand-mère maternelle puisque celle-ci n'en aura plus. Si on se centre sur les rapports mère/fille, la grand-mère maternelle contribue à former l'identité de mère par le biais des identifications, si bien qu'il s'opère au moment de l'entrée en maternalité une véritable transition de femme à mère.

La problématique de l'identification maternelle est amplifiée de manière conséquente plus particulièrement chez la mère primipare où différents réaménagements interviennent dans le cadre de son conflit œdipien, de la rivalité avec sa mère mais aussi sur le plan de la filiation. On voit apparaître la résurgence de conflits plus primitifs prégénitaux, à travers le bébé que la mère a été, l'image de sa mère et du bébé qu'elle a. S'expriment « conflictuellement les représentations refoulées d'elle-même comme bébé alors qu'elle voit surgir en elle de manière surprenante et traumatique des images refoulées de sa propre mère ». Plus loin, dans « la dyade pathologique, la mère peut être persécutée ou intimidée par son bébé alors qu'elle est contrainte d'assumer le rôle dévolu à sa propre mère réelle ou fantasmatique. Quand le lien aux deux parents est bien symbolisé, on observe un minimum de revendications, de mépris ou d'idéalisation[8] ». Par contre, la dépression maternelle risque d'apparaître si la femme a perçu sa mère comme inatteignable et peu disponible. Elle va alors opérer un retrait face à l'enfant perçu comme trop exigeant et dangereux. L'identification maternelle est alors narcissique. Le bébé est peut être conçu et imaginé comme un « enfant-ancêtre » (M. Lefebvre, 1985), c'est-à-dire chargé d'une mission. La mère

8. Au sens courant, l'*idéalisation* est un mécanisme tendant à doter quelqu'un d'un caractère idéal; il s'agit d'une tendance à embellir. En psychanalyse, et précisément pour M. Klein (1952), il s'agit d'un mécanisme de défense contre les pulsions agressives, par effet du clivage entre bon et mauvais objet.

commence à avoir des rêveries plus fréquemment à partir du second trimestre de sa grossesse. Les événements qui peuvent survenir pendant la grossesse viennent colorer ces rêveries qui s'organisent dans le préconscient des parents. Par exemple, la mort d'un parent risque d'avoir une influence sur le destin de l'enfant (c'est le cas également des secrets de famille). Toutes les études réalisées sur les bébés de remplacement s'accordent à conclure que, d'une part, ce mort transmet avec lui le secret de son existence, de sa mort prématurée mais que, d'autre part, ce secret fait l'objet d'un non-dit qui va peser sur le développement de l'enfant. Mais la mère a aussi des fantasmes concernant son enfant ; ils tiennent aux aspects résiduels de son Œdipe et aux difficultés de ses identifications. Pour S. Lebovici (1996), désirer être mère et avoir un enfant, « c'est annoncer à la future grand-mère maternelle qu'elle va sauter un cran dans la succession des générations et qu'elle ne sera plus mère », d'où l'inévitable aggravation des sentiments de culpabilité de la mère dans la mesure où cet enfant vient également réaliser un vœu œdipien refoulé qui est de donner aussi, comme sa mère, un enfant à son père. Le bébé imaginé est donc l'enfant donné au grand-père maternel, dont il est, par ce biais, le mandataire.

Pour S. Lebovici, le « mandat transgénérationnel » est inévitable. En effet, les conflits des générations passées modèlent la vie psychique des jeunes enfants et les enferment dans un destin. La difficulté pour le thérapeute est d'accéder à ces fantasmes que la consultation thérapeutique vise à élucider, ainsi que leur transmission entre les générations (d'où le terme de « transmission intergénérationnelle »). Au cours de cette consultation, l'histoire des patients est abordée à travers leur récit de vie et la réalisation d'un génogramme appelé « arbre de vie » par S. Lebovici. Pour ce dernier, l'« arbre de vie » structure la fonction de la généalogie ; c'est aussi ce qui appartient au comportement et à l'organisation fantasmatique de celui qui l'énonce. On s'intéresse alors par exemple au choix du prénom de l'enfant puisqu'il permet de saisir la place qu'il va occuper ou qu'il occupe dans la vie fantasmatique de ses parents. Le prénom peut être choisi en fonction d'une tradition culturelle ; il peut indiquer une préférence pour le sexe assigné à l'enfant ou pour la place qui lui est réservée dans les liens qui unissent l'enfant imaginaire et l'enfant fantasmatique : le premier prend la place dans le système familial et le second indique la nature de la projection des désirs inconscients sur le bébé.

L'intérêt du choix du prénom permet de se questionner sur les rapports entre l'enfant imaginaire, l'enfant réel et l'enfant fantasmatique. M. Lefevre (1985) considère que le deuil, à la fois perte objectale et blessure narcissique, confronte la jeune accouchée à la perte de l'enfant imaginaire, tandis qu'elle doit se satisfaire de l'enfant de la réalité, dont l'aspect n'est pas toujours conforme à ses vœux. Dans le meilleur des cas, la mère et le père parviennent à un compromis entre ces deux enfants. C'est ainsi que la nature des investissements parentaux oriente, dirige pour une part les modes relationnels précoces de l'enfant ; ces modes seront ultérieurement repris aisément, douloureusement ou pathologiquement.

À l'adolescence, l'enfant et sa famille sont confrontés à des bouleversements psychologiques majeurs nécessitant des ajustements psychiques et sociaux constants. L'association forte chez un même individu de perturbations dans ses apprentissages et l'atteinte à ses représentations de soi interroge sur la construction et le développement du Soi. Les altérations du Soi s'exprimant par des dépressions chroniques (surtout sous forme de retrait social, de difficultés de modulation et de détresse émotionnelle, et d'assises narcissiques précaires), des décrochages ou non-investissements scolaires importants (retards massifs dans les raisonnements, astructurations cognitives). Bien souvent, ces difficultés s'associent entre elles dans la mesure où elles sont l'expression d'un tableau clinique global et indissociable. Cela suppose de prendre en compte les travaux des psychologues généticiens et des psychanalystes en les intégrant dans une perspective de compréhension pluri-dimensionnelle, resituant des niveaux différents dans la compréhension de certains faits et tentant de recouper des processus semblables au sein des deux modèles. Nous savons, par ailleurs, que l'enfant est actif et qu'il contribue, à sa façon, par son originalité et sa personne, à « parentaliser » ses parents, à faire en sorte qu'ils deviennent mère et père. Selon S. Lebovici (1994), l'enfant imaginé cristallise en quelque sorte les ambitions des parents dans ce qu'ils projettent d'eux-mêmes et dans ce qu'ils prévoient pour lui. Ils ne manquent, généralement, pas de rencontrer dans ce parcours leurs propres parents avec les singularités et/ou vicissitudes marquant leurs relations. Les conflits infantiles du parent émergent alors, le confrontant à nouveau à sa propre histoire vécue. C'est en ce sens qu'il peut être porteur d'un mandat transgénérationnel. Aulagnier (1985, cité par Lebovici, 1993) affirme que les désirs de mort à l'égard d'un enfant transforment ce dernier en meurtrier de l'enfant qui lui vient, quand à son tour, il devient parent : c'est sa propre enfance qu'il détruit en se conformant ainsi aux désirs de ses parents.

2.6 Les sens de soi

Pendant longtemps le nourrisson a été considéré comme une *tabula rasa* ou comme un « tube digestif », coupé du monde et avec lequel l'adulte ne pouvait avoir qu'une relation à sens unique ; il ne voyait pas et n'entendait pas. Les travaux de ces vingt dernières années ont montré qu'il possédait précocement des compétences. Dès le 4e jour, un enfant repère un objet de couleur vive placé à 20 centimètres et peut le suivre des yeux. Il a une attirance marquée pour le visage humain – ce que l'on a appelé « la préférence visuelle » ; il entend dès la naissance puisqu'il peut localiser les sons dans l'espace et tourner la tête vers eux ; dès l'âge de 3 semaines, l'enfant reconnaît la voix de sa mère, l'odeur du lait maternel ainsi que l'odeur de la peau de sa mère. Il peut distinguer le sucré du salé. Le bébé teste toutes les sensations et perceptions qui l'entourent. Il classe le monde social en événements, ensembles, expériences contrastées. Pour D. Stern (voir O. Bourguignon et M. Bydlowski, 1995), il y a des expériences distinctes sans lien dès les premières semaines de la vie ; le bébé identifie préférentiellement des éléments répétitifs ou invariants, des régularités. Il va progressivement construire le monde, se le représenter et surtout se représenter la relation et la façon « d'être avec un autre » selon six « manières[9] » parallèles ; chacune étant « gérée, formée, processée par le cerveau ». La mise en commun de ses

9. Ces six « manières » (ou invariants) sont les représentations de choses (plutôt perceptuelles comme les images visuelles, les représentations de mots (symboles, concepts), les schémas sensorimoteurs (actions et sensations), les scripts (capacité de se représenter les séquences des événements), la représentation des affects, la représentation de la motivation. D. Stern (1995) souligne qu'à « chaque fois que l'enfant est dans un situation interpersonnelle, il voit ces invariants-là se répéter, revenir et former des constellations ».

« manières » constitue « l'enveloppe proto-narrative » d'où une propriété émergente au niveau conscient ou inconscient peut survenir. Mais les travaux actuels sur la mémoire et sur le connexionnisme font apparaître le contexte comme déterminant en grande partie la représentation activée.

Le développement du sens de soi

Les travaux sur le développement de la sensorialité et des affects du nourrisson ont radicalement modifié le regard et la compréhension du monde interpersonnel intersubjectif de ce dernier. En France, S. Lebovici a été le précurseur de la psychologie et de la psychopathologie du bébé ; il en parle abondamment dans son livre, *Le Nourrisson, sa mère et le psychanalyste* (1983). Par ailleurs, les travaux de D. Stern (1985) montrent l'intérêt croissant des chercheurs pour le développement des représentations mentales sur le plan à la fois expérimental et psychanalytique. Cet auteur estime qu'il faut tenir compte des découvertes de l'observation directe dans l'étude du fonctionnement intrapsychique du bébé. Il considère que le bébé se construit dans l'interaction par la mise en place des sens de soi. Il développe différents domaines du lien interpersonnel comprenant :

- le soi physique ou sens d'un soi-noyau ;
- le domaine du lien interpersonnel – noyau (entre 2 et 6 mois) ;
- le soi de l'autre (entre 7 et 9 mois) ;
- le domaine du lien interpersonnel intersubjectif, en dehors de la conscience et sans traduction verbale, avec le partage d'un objet d'attention ;
- le domaine du lien interpersonnel verbal (entre 15 et 18 mois) avec le développement de la pensée symbolique et des processus langagiers.

L'intérêt de ces travaux est d'avoir montré que le bébé est doté de fonctions qui lui permettent d'être un être actif et préadapté avec un tempérament, c'est-à-dire avec des fonctions psychomotrices spécifiques qui sont présentes dès la dernière moitié de la vie fœtale. Pour D. Stern (1985), les sens de soi ne cessent de se construire et de se modifier tout au long de la vie et chaque nouveau lien interpersonnel n'exclut pas le précédent. Ce schéma est à l'opposé de la théorie des « constructions mentales » qu'énonce Piaget, comme de la théorie freudienne des « stades de développement » (voir chapitre 3, 2). Plus fondamentalement, pour D. Stern, les expériences subjectives primordiales du bébé reposent sur la réalité perceptive et non pas sur des mécanismes de défense qui seraient eux plus tardifs parce que liés à des processus cognitifs plus complexes.

Les quatre sens de soi

Arrêtons-nous maintenant sur les quatre sens de soi.

• Le sens d'un soi émergeant (de 0 à 2 mois)

Le nourrisson sent l'émergence de son soi. Il est préparé à rechercher des situations d'apprentissage et il quête activement les stimulations venant du monde social. Ces connaissances en provenance de l'observation directe contredisent les trois théories suivantes :

– l'idée d'un « état initial indifférencié » de M. Malher (1967) selon qui le nourrisson ferait l'expérience d'une « phase autistique primaire ». Pour D. Stern (1985) au contraire, « la période d'indifférenciation » entre soi et les autres n'existe pas dans la mesure où le nourrisson est capable d'un certain degré d'organisation interne ;

– le concept freudien de « pare-excitation » qui postule l'existence d'un filtre biologique fait de seuils sensoriels très élevés qui permettrait, passivement, au nourrisson de faire disparaître la stimulation externe, ressentie comme désagréable, voire dangereuse ; au contraire, on a pu prouver que, dès la naissance, le bébé s'emploie à rechercher activement des stimulations, de préférence humaines ;

– le modèle de M. Klein qui a une conception anhistorique du psychisme de l'enfant. Au contraire, le sens d'un soi émergeant se forme entre 0 et 2 mois ; l'émergence des différents sens de soi se fait en courant discontinu.

C'est à partir de deux concepts clés que D. Stern (1985) conçoit « la subjectivité humaine comme celle d'un monde global d'organisations émergentes » (S. Lebovici, 1990) :

– la *perception amodale* est une perception par laquelle les informations reçues dans une modalité sensorielle donnée sont traduites dans une autre modalité sensorielle ; le nourrisson ressent un monde « d'unités perceptuelles ». D. Stern (1985) reprend l'expérience de Meltzoff et Borton (voir Marcelli, 1982). Lors de cette expérience, on bande les yeux de bébés de 3 semaines et on leur donne deux sucettes différentes. Lorsqu'on leur enlève le bandeau, les nouveau-nés regardent davantage la sucette qu'ils viennent d'avoir dans la bouche comme s'ils avaient une aptitude innée pour reconnaître la tétine qu'ils viennent de sentir. Pour D. Stern, cela démontre l'existence de « transferts transmodaux d'informations » permettant la reconnaissance d'une correspondance entre le toucher et la vision. Le bébé peut transposer des formes de comportements humains expressifs en modalités différentes de celles perçues. Il réalise des intégrations en dégageant les qualités abstraites des expériences dans tous les domaines d'expériences sans primauté ontogénique de l'un ou l'autre ;

– les *affects de vitalité*[10] s'opposent aux *affects discrets*[11]. Le bébé perçoit les actes comme des catégories d'affects de vitalité. Il ressent le monde environnant comme orchestré en une succession de chorégraphies génératrices d'émotions singulières liées aux processus vitaux que le langage est impuissant à traduire. Il existe des « profils d'activation similaire » tels que l'amplitude et la force sur une première syllabe ou l'amplitude ou la force d'une caresse sur le front, par exemple. Ces deux manières pour une mère de calmer son bébé peuvent être ressenties par ce dernier de la même façon si le rythme, la durée, les pauses sont similaires et ce, au-delà de leur spécificité sensorielle.

• Le sens d'un soi-noyau (autour de 2 à 7 mois)

Dans cet intervalle, la structuration de ce soi-noyau se fait par l'intégration de plusieurs expériences : l'expérience de l'activité propre de soi, l'expérience de la cohérence de soi, l'expérience de l'affectivité de soi, l'expérience de la permanence de soi. Le nourrisson a tendance à chercher un ordre dans le monde, il dirige son activité vers la reconnaissance et l'identification de formes invariantes.

• Le sens d'un soi subjectif (entre 9 et 15 mois)

On ne peut le définir qu'en rapport avec le concept d'accordage affectif. La question fondamentale qui se pose est la suivante : comment un nourrisson

10. Les *affects de vitalité* sont composés de « qualités sensibles telles que des explosions, des retraits, des précipitations ou autres [...] qui sont fréquemment l'objet d'accordage affectif » (D. Stern, voir S. Lebovici et F. Weil-Halpern, 1989). Ces affects sont distincts des affects conventionnellement reconnus.

11. Les *affects discrets* sont les affects de plaisir et de déplaisir.

peut-il savoir que l'autre ressent quelque chose de très proche de ce qu'il ressent ? En d'autres termes, comment un partage d'émotions, d'états affectifs entre les deux partenaires de la dyade est-il possible sans le langage ? Il ne peut donc s'agir de la simple répétition d'un comportement manifeste que l'on nomme communément l'imitation[12]. Progressivement, le nourrisson est considéré comme un partenaire de l'intersubjectivité. D. Stern (1985) parle d'« intuition parentale » pour expliquer le fait qu'à un moment donné ce nourrisson mobilise le comportement et la psyché maternels de façon différente, ce qui favorise un élargissement des séquences interactives vers l'accordage affectif.

• Le sens d'un soi verbal (à partir de 15 mois)
Des parties importantes de l'expérience interpersonnelle peuvent être désormais partagées avec d'autres grâce à l'apparition du langage et de la pensée symbolique. Ces deux éléments nouveaux procurent à l'enfant des moyens puissants pour décrire et transcender la réalité. Le langage permet de lier les expériences corporelles et les sensations aux mots, même s'il créé un écart entre l'expérience interpersonnelle vécue et l'expérience interpersonnelle représentée verbalement. D. Stern précise que ces quatre sens de soi sont indépendants et que les expériences des trois premiers sens de soi continuent de subsister malgré l'apparition du langage.

12. L'*imitation* est un processus par lequel un organisme prend la forme ou la propriété d'une partie de son environnement. L'enfant imite en reproduisant des gestes de l'adulte. Il faut différencier *imitation* et *identification*. Dans l'identification, les qualités de l'objet sont intériorisées puis modifiées pour en faire un produit nouveau propre à l'individu; il s'agit là d'un véritable travail psychique. L'identification concerne les processus inconscients structurant le Moi et la personnalité.

DÉVELOPPEMENT ET TROUBLES COGNITIFS, RELATIONNELS ET SEXUELS

L'âge auquel apparaissent les troubles est déterminant pour en évaluer l'éventuelle gravité. Leur variabilité, grande chez l'enfant, est aussi fonction du niveau de maturation du Moi : d'où la nécessité de déterminer la source du symptôme par une approche du fonctionnement intrapsychique. De manière générale, des progrès importants ont été réalisés ces vingt-cinq dernières années ; ils permettent de mieux comprendre les pathologies du développement. Ces pathologies peuvent être liées à plusieurs causes : l'insuffisance ou le désordre génétique, physique, social, affectif de l'enfant ; la surcharge d'excitation générée par l'entourage de l'enfant et l'inefficacité protectrice du système relationnel et psychique que lui a proposé cet entourage ; les incohérences quantitatives, qualitatives et temporelles dues à la pauvreté matérielle, sociale ou affective de l'environnement familial ; les discordances dans les « attitudes parentales à l'égard de l'enfant qui favorisent ou défavorisent telles ou telles fonctions ou aptitudes aux dépens d'autres fonctions » (M. Losson, 1988 ; R. Cloutier et A. Renaud, 1990).

Rappelons que le développement normal s'effectue par palliers progressifs, et que le trouble pathologique se développe à la suite d'un traumatisme, par un mouvement de régression-fixation.

L'intrication étroite de la psychomotricité, du langage, de l'intelligence, avec l'affectivité et le réseau relationnel offerts à l'enfant dans son système intrafamilial est essentielle dans la compréhension des troubles. L'approche clinique ne peut donc à aucun moment isoler un élément de perception sensorielle pour comprendre ce qui affecte le sujet. (On citera, par exemple, les retards de développement moteur dans le cas de carences affectives précoces.)

Dans sa pratique clinique, le psychologue a pour mission de mobiliser, dans le cadre d'une relation, un mouvement de subjectivation. Il aide des individus et des familles qui souffrent, et prend en compte l'originalité de tout être[1]. Un travail de liaison et de synthèse psychique est effectué afin de restituer, de replacer, et de réorganiser de manière cohérente les multiples facteurs observés lors de l'examen psychologique. Ces facteurs complètent ceux repérés dans le cadre de l'histoire individuelle, familiale et transgénérationnelle, auxquels ils viennent donner un sens.

1. La perception et la sensorialité

1.1 Développement

Il est difficile de séparer perception et activité cognitive dans la mesure où elles sont étroitement intriquées.

Néanmoins, ces dernières décennies, des travaux sur les compétences du nourrisson ont montré qu'il est capable de reconnaître précocement des objets, et d'interpréter ce qu'il ressent ainsi que les réponses qu'il reçoit. Le développement de méthodes d'observations nouvelles et plus sophistiquées a permis de mieux connaître ce que le bébé vit au plan sensoriel, perceptif et moteur. Des recherches objectives, utilisant des procédures expérimentales et des mesures généralisables, ont apporté des connaissances nouvelles dans le domaine de la perception et de la sensorialité du bébé. À partir des fonctions de base ou des schèmes réflexes du bébé, les chercheurs ont pu saisir ce qu'il percevait. Par exemple, le rythme ou la force de la succion peuvent révéler sa préférence pour tel type de stimulation. La succion devient un moyen de communiquer ; il en est de même avec les fréquences du rythme respiratoire, du rythme cardiaque ou des mouvements oculaires.

1. Notons que tout cas clinique est nécessairement singulier, ce qui n'empêche pas d'en dégager certaines lois générales. Rappelons que S. Freud a développé les éléments métapsychologiques de la névrose obsessionnelle à partir du matériel fourni par un seul patient, l'« homme aux rats ». Soulignons aussi que la méthode de la pratique clinique est dialectique : partant de l'opposition des contraires, elle les questionne et en fait la synthèse.

La perception visuelle

La vision est une fonction fondamentale pour le développement psychologique du bébé. Après sa naissance, le bébé est sensible à la lumière et quelques jours plus tard peut suivre un objet. À 2 semaines, ses capacités d'accommodation représentent 1/3 de celles de l'adulte (l'activité visuelle du bébé est 30 fois inférieure à celle de l'adulte). On note une évolution rapide jusqu'à 5 mois ; ensuite, le développement des fonctions visuelles se ralentit. Vers 4 mois, le bébé différencie et perçoit les mêmes catégories de couleur que les adultes[2]. Malgré une acuité visuelle faible, le jeune bébé distingue les objets ou les personnes à 3 mètres ; il différencie vite des *patterns* (voir chapitre 2, les « interactions réciproques ») plus ou moins complexes.

• La préférence pour les visages humains

Le bébé préfère des courbes et des *patterns* symétriques, ce qui lui rend le visage humain attrayant de préférence à tout autre stimulus ; ce phénomène se constate dès la naissance. À 15 jours, le bébé préfère encore le visage humain à des *patterns* similaires. À 3 mois, la poursuite est devenue identique, quel que soit le stimulus proposé.

• Les discriminations visuelles de base

À 3 jours, le nouveau-né est capable de différencier des formes géométriques telles que le cercle, la croix, le triangle et le carré, sur la seule base des formes ; il préfère les configurations angulaires nouvelles. Par ailleurs, le bébé semble percevoir la profondeur avant même que la préhension ne soit acquise. Dans l'expérience de la « falaise » élaborée par E.J. Gibson et R.D. Walk (voir P. Mazet et S. Stoleru, 1988), un bébé est disposé sur un appareil recouvert par un tissu en damier ; une partie de l'appareil est surélevée de 1,5 mètre alors que l'autre est vitrée. Le bébé, placé sur la partie surélevée, voit sa mère à l'autre extrémité, l'invitant à ramper jusqu'à elle. La plupart des bébés refusent d'aller au-delà de la partie surélevée. On a pu montrer que des bébés encore plus jeunes perçoivent la profondeur puisque, dès l'âge de 2 mois, leur rythme cardiaque s'accélère quand on les place sur

2. Cette observation est importante puisqu'elle implique que c'est l'équipement sensoriel qui permet d'organiser les couleurs en catégories spécifiques et non pas le langage.

la partie vitrée. Dès la naissance, ils sont sensibles à des perceptions élaborées telles que la forme, l'orientation, la configuration angulaire. Ils perçoivent la tridimensionnalité ainsi que la constance des formes et de la taille.

La perception auditive

Le seuil auditif du bébé est semblable à celui de l'adulte pour les basses fréquences ; il lui est supérieur pour les hautes fréquences (20 décibels) ; ce seuil se régularise pour devenir identique à celui de l'adulte vers 8 mois. Le nouveau-né a de bonnes capacités de discrimination auditive ; par contre, le développement de la localisation spatiale du son est lent, puisqu'il ne rejoint celui de l'adulte que vers 20 mois. À la naissance, le bébé est capable de discriminer certaines syllabes ; à 2 mois, il se montre capable de « constance de la voyelle » : il reconnaît une voyelle comme identique même si elle est prononcée par des locuteurs différents. Les nouveau-nés de 3 jours préfèrent la voix maternelle et peuvent modifier leur rythme de succion afin de l'entendre ; cette préférence remonterait aux apprentissages fœtaux. Citons à titre d'exemple l'expérience où l'on a demandé à des mères de répéter régulièrement, quelques semaines avant l'accouchement, le récit d'une histoire. On a pu observer qu'à la naissance le bébé préférait cette histoire à une histoire non familière (même lue par une voix étrangère). On ne peut pas, par contre, mettre en évidence une préférence pour la voix du père dès la naissance, alors que c'est le cas à partir de la deuxième semaine. Il a été également démontré que, dès la naissance, les bébés préfèrent le type de prosodie « parler bébé », avec des enveloppes ascendantes dans l'intonation, au « parler adulte ». Les contours mélodiques prosodiques sont les premiers moyens de la communication orale adulte-bébé.

Le goût et l'odorat

Dès la naissance, le bébé peut différencier le sucré, le salé, l'amer et l'aigre ; il a même certaines préférences (généralement le sucré).

L'odorat est un des sens humains les plus développés à la naissance. Le bébé a une expression faciale de plaisir à l'odeur du beurre de banane, de rejet devant une odeur de poisson et de dégoût à l'odeur des œufs pourris. Il reconnaît et préfère l'odeur du lait de sa mère à celui des autres mères ; il ne s'agit pas d'une sensibilité générale au lait de femme, mais bien d'une sensibilité spécifique.

Le toucher

La bouche est une zone sensible chez le bébé ; elle constitue pour lui un moyen d'explorer les objets et le monde environnant. D. Anzieu (1985) a montré le rôle majeur réel et fantasmatique du contact « peau à peau » entre le bébé et sa mère.

Le transfert sensoriel

La possibilité pour l'enfant, à un certain stade de son développement, de traduire une perception d'un domaine sensoriel à un autre, est primordiale. C'est ce que l'on nomme « transfert sensoriel ».

Cette opération fait intervenir les catégories de l'« amodalité » et de l'« intermodalité ». Une perception « amodale » est une perception par laquelle les informations **reçues** dans une modalité sensorielle sont **traduites** dans une autre. L'« intermodalité » est la **capacité de transfert** par l'enfant d'une modalité sensorielle dans une autre.

On pourra illustrer cette théorie par l'expérience de Meltzoff et Borton (voir D. Marcelli, 1982) qui ont fait sucer à une soixantaine d'enfants âgés de 1 mois, soit une sucette de caoutchouc lisse, soit une sucette avec des petites bosses. Puis ils leur ont montré les sucettes : 70 % des bébés regardaient plus longtemps celle qu'ils avaient eux-mêmes sucée. Ces bébés avaient bien compris que l'objet vu et l'objet manipulé étaient le même objet, et non deux objets différents ou deux facettes différentes du même objet. Aussi ne conçoit-on plus les perceptions sensorielles du bébé comme un simple enregistrement passif des informations contenues dans l'environnement ; au contraire, les bébés recherchent activement les stimulations ; ils ne vivent pas dans des mondes sensoriels séparés. Leurs perceptions visuelles, tactiles, auditives, olfactives, gustatives sont **cohérentes** (R. Lécuyer, 1989).

Par la suite, deux études, celle de A. Streri, et celle de A. Streri et M.G. Pêcheux (voir R. Lécuyer, 1989) ont montré que, non seulement les bébés extraient des informations des objets qui leur sont présentés, mais qu'ils exercent également un minimum de contrôle sur leur motricité manuelle. À 2 mois, les bébés opèrent un transfert dans le sens toucher-vision, mais pas dans le sens vision-toucher ; à 5 mois, c'est le contraire. Ces différences dans l'évolution du transfert intermodal sont à expliquer par des différences de vitesse de développement des modalités sensorielles ; s'y joint l'interférence de la motricité dans la capacité perceptive et exploratoire de la main : les bases physiologiques d'une amodalité initiale semblent donc bien exister. Ainsi, ajuster l'ampleur du geste ou la grandeur de l'ouverture de la main à la distance et à la taille de l'objet perçu visuellement, revient à utiliser conjointement des informations en provenance du stimulus (par le canal visuel) et en provenance du corps (par le canal proprioceptif). Ainsi les informations en provenance de modalités différentes sont mises en relation très tôt, c'est tout un processus de construction, de coordination des schèmes qui peut être économisé.

Un certain nombre de principes sont susceptibles d'être définis dans les domaines de la perception, de la connaissance et de l'affectivité du nourrisson. Le bébé a de nettes tendances innées, voire des préférences à l'égard des sensations qu'il recherche. À la naissance, il teste des hypothèses sur ce qui se produit autour de lui, ce qui l'amène à classer le monde social en ensembles d'événements plus ou moins agréables.

1.2 Troubles

Les sensorialités les plus étudiées ont été les sensorialités visuelle et auditive. Les recherches ont montré que le bébé est capable d'interpréter ce qu'il ressent ainsi que les réponses qu'il reçoit de son environnement.

Les sensorialités visuelle et auditive sont un puissant moyen de contact et de communication avec le monde. C'est par elles et à partir d'elles que la vie psychique s'ébauche. Leur éventuelle altération gêne donc l'enfant dans son développement et peut même devenir un handicap. L'enfant victime de dommages cérébraux, même minimes, sera désavantagé face à un environnement qu'il percevra de façon désorganisée et carencée. Il importe toutefois de distinguer les altérations sensorielles en tant que telles (par exemple la cécité, la surdité), et leurs conséquences psychologiques au plan interactif. Du type d'altération vont dépendre des difficultés spécifiques au handicap sensoriel ;

mais on retrouve des facteurs communs, quel que soit le type d'altération, qui dépendent davantage des conséquences relationnelles causées par la situation de handicap.

Dès les premiers jours de sa vie, le nouveau-né est doué de capacités visuelles mises à profit dans l'interaction avec ses différents partenaires. Le regard du bébé a des effets importants sur la mère, il est souvent ressenti comme gratifiant et valorisant. Réciproquement, le regard de la mère augmente la tendance du bébé à fixer les yeux sur le visage de celle-ci. S. Lebovici (1983) indique que le regard mutuel a pour fonction de faciliter la constitution du Soi du nourrisson, distinct et différencié de cellui de sa mère ; différents états affectifs vont pouvoir y être intégrés. Les cris et les pleurs sont le premier langage et constituent un mode privilégié de communication.

Les interactions visuelles favorisent l'accordage affectif entre la mère et l'enfant (voir chapitre 2, « Les interactions affectives »). Ainsi, les nourrissons aveugles émettent peu de vocalisations au cours de la première année de leur vie ; s'ils peuvent prendre part à des dialogues vocaux, ils prennent rarement eux-mêmes l'initiative de ces dialogues. De nombreux travaux ont mis en évidence l'importance du contact œil à œil. Les conduites de fixation mutuelles et de poursuites visuelles entre la mère et l'enfant au cours d'états d'alerte visuelles représentent les comportements les plus évolués du répertoire comportemental des nouveau-nés. S. Fraiberg et D.A. Freeman (1964 ; voir S. Lebovici et F. Weil-Halpern, 1989), qui ont étudié les conséquences du handicap visuel sur l'évolution des interactions et sur le développement de l'enfant, ont mis clairement en évidence la fonction visuelle comme facteur constitutif du Soi. Ces observations leur ont permis d'affirmer que la cécité constitue une barrière de communication entre le bébé congénitalement aveugle et sa mère, dans la mesure où celui-ci n'a à sa disposition que le toucher. Le bébé aveugle n'a pas conscience des objets quand il a perdu le contact avec eux, de même qu'il n'éprouve aucun sentiment de l'existence d'objets humains en dehors de la perception qu'il peut en avoir. Un dysfonctionnement interactif de la dyade mère-enfant a donc pu être étudié, soulignant notamment la pauvreté des échanges avec des mères qui ne parviennent pas à surmonter un sentiment d'étrangeté face à un bébé incapable de communiquer par l'engagement des yeux. Ces mères se plaignent du manque de réponse de leurs bébés, ainsi que de leur passivité. En ce qui concerne les échanges affectifs, l'absence d'expressions faciales différenciées en réponse aux regards de la mère est souvent décodée comme une absence d'affectivité, bien que chez ces bébés l'expressivité corporelle soit aussi riche que chez les bébés voyants.

De nombreux travaux ont montré toute l'importance du canal visuel dans l'instauration du dialogue émotionnel ; ce qui permet de comprendre pourquoi 25 % au moins des bébés aveugles développent un syndrome autistique. Les enfants autistes peuvent regarder une personne de loin si la distance qui les sépare est grande ; mais le contact visuel leur est encore plus douloureux que le contact tactilo-kinesthésique. Chez l'autiste, l'évitement par le regard assure une protection contre une surcharge tensionnelle affective supplémentaire, ce qui souligne toute la puissance d'ébranlement affectivo-émotionnel inhérente au contact œil à œil.

Le surinvestissement visuel peut être pathologique ; la dépression maternelle en est la cause la plus fréquente. R. Spitz (1958) a démontré que le visage immobile de l'observateur entraîne la disparition du sourire chez le nourrisson, puis cause ses pleurs. Il a pu observer l'effet sur le bébé du visage « désanimé » d'une mère déprimée. En fait, l'« animation » du visage de la mère détermine chez l'enfant un éprouvé interne vivant et sécurisant ; sa « désanimation », à l'inverse, entraîne un éprouvé de vide, de manque, générateur de chaos.

Dans une relation normale, soutenue par une mère suffisamment disponible psychiquement et suffisamment aimante, le bébé puise dans l'échange des regards le sentiment précoce de son être et de son existence ; l'absence de réciprocité des regards induit une insécurité, un malaise, un « dés-être » qui mobilise le bébé défensivement et électivement sur les aspects extérieurs de sa mère.

Le nouveau-né hypersensible exaspère ses parents qui, en retour, lui renvoient de l'hostilité. Dans le cas d'une prématurité du bébé, la surstimulation sensorielle recouvre un caractère traumatique obligeant le bébé à utiliser des systèmes défensifs où, de surcroît, il se punit lui-même (conduite d'évitement, par exemple, au son d'un jouet). Quand le bébé est débordé par une stimulation banale, il faut alors savoir apprécier « le dosage progressif des stimulations en fonction de ses besoins sensoriels particuliers pour favoriser sa guérison et influer sur l'état final de son système nerveux » (T. B. Brazelton ; voir S. Lebovici et F. Weil-Halpern, 1989).

Dans les cas de surdité, il n'est pas observé de modifications caractéristiques des interactions mère-enfant. Les troubles interactifs apparaissent dans les dyades mères entendantes-enfants sourds alors que dans les familles de sourds, le développement interactif est semblable à celui des dyades mères entendantes-enfants entendants. L'intérêt de cette observation est de constater que la complexité des interactions, d'une part, et que la qualité de l'attachement, d'autre part, sont semblables dans les deux groupes (mères sourdes-enfants sourds et mères entendantes-enfants entendants) ; les enfants sont capables de tenir des conversations sur eux-mêmes, sur leur mère et sur des objets ou des événements non présents, malgré leur déficit auditif. Cela implique que, dans les familles de sourds, l'accordage affectif des dyades est possible et qu'il se produit par des canaux autres qu'auditifs (voir S. Lebovici et F. Weil-Halpern, 1989).

2. Les fonctions cognitives et intellectuelles

2.1 Développement

Adaptation et organisation

Les travaux du psychologue et biologiste J. Piaget (1976) ont permis de considérables avancées dans la compréhension des fonctions cognitives et intellectuelles. Pour Piaget, les activités motrices sont génératrices d'intelligence et participent au développement général de celle-ci. Piaget entend par « représentations cognitives » deux acceptions : au sens large, la pensée ; au sens restreint, une sorte de mémoire imagée servant à la représentation du réel (restitution d'événements passés ou d'objets absents).

Deux concepts sont fondamentaux dans cette théorie : l'*adaptation*[3] et

3. L'*adaptation* est un processus par lequel l'organisme assimile des éléments extérieurs à lui, les modifie pour les intégrer et s'en accommoder. L'assimilation et l'accommodation sont donc deux mécanismes adaptatifs.

l'*organisation*[4]. Pour lui, il y a interdépendance entre l'organisation interne de l'individu et les caractéristiques du milieu. Il fait dériver son modèle de l'organisation mentale de celui de l'organisation biologique, et appelle « schèmes » les structures d'activité de l'organisme. Il n'y a « intelligence » qu'à partir de la mise en place de l'« imitation différée ». Celle-ci joue donc un rôle fondamental dans le processus de construction de la représentation : c'est le pont nécessaire entre les actions du bébé et la pensée représentative.

J. Piaget distingue quatre niveaux d'évolution. L'imitation différée, le jeu symbolique et l'image mentale se mettent en place de 2 à 9 ans. Au cours de cette période les actions vont être intériorisées. À l'intériorisation de ces actions, succède la « réversibilité » de la pensée.

– tout d'abord, le *niveau sensorimoteur :* la pensée du bébé se manifeste par sa motricité ;

– au *niveau préopératoire* (jusqu'à l'âge de 8-9 ans), l'enfant ne se détache pas de l'action ; il mime et ce jeu symbolique lui permet, tout en jouant, de s'adapter, de prendre connaissance du monde en le modifiant par ses propres mimiques. Il va alors réélaborer sur le plan représentatif ses acquisitions sensorimotrices : c'est l'« imitation différée », qui va servir de point de passage du sensorimoteur au représentatif. L'imitation différée préfigure la représentation qui n'est pas encore une représentation en pensée ; l'action constitue le support de ce qui est gardé en mémoire. B. Gibello (1984) développera cette théorie : l'imitation, les jeux en écho où l'enfant imite l'adulte et où l'adulte imite l'enfant jouent un rôle primordial dans l'acquisition des apprentissages. Pour Piaget, il y a continuité entre les différents stades, donc entre sensorimotricité et représentation. Cette théorie est devenue une théorie de référence pour expliquer les apprentissages du bébé. La connaissance chez le bébé provient surtout de l'action qu'il exerce sur son environnement, et du constat qu'il fait des tranformations produites par son action. Ce n'est que quand vision et préhension se coordonnent que l'œil commande à la main et constate le résultat de sa commande. Ce n'est qu'à partir de ce stade que l'on

4. Les périodes de développement de l'intelligence (sensorimoteur, préopératoire, opératoire concret, opératoire formel) correspondent à des niveaux d'*organisation* (ou structures) spécifiques au sein desquels un équilibre a été obtenu. Cette structure organise les actions.

peut parler d'« intelligence » : avant, le bébé vit dans un monde inintelligible puisque les informations provenant de ses diverses modalités sensorielles ne peuvent être mises en relation ;
– au troisième stade, appelé *stade des opérations concrètes*, l'enfant va se dégager de l'action pour raisonner. S'il a eu des difficultés d'élaboration au stade précédent, l'enfant ne pourra accéder correctement au stade concret, et plus tard à la symbolisation, son action étant encore liée à la manipulation ;
– enfin, au stade des *opérations formelles*, l'enfant va pouvoir se passer de la présence réelle des objets ou des situations pour s'appuyer sur des hypothèses, des énoncés verbaux, sur des propositions : il raisonne de façon hypothético-déductive, coordonne les opérations acquises ultérieurement, et tient compte de ce qui est possible et non plus du réel.

On voit ainsi comment s'élabore pour Piaget l'évolution des fonctions cognitives. On peut résumer ce processus ainsi :
– le stade sensorimoteur se situe avant le langage ;
– le stade préopératoire, lui, est intuitif : l'enfant accepte les impressions sensorielles et les illusions qui les accompagnent sans critique ;
– le stade des opérations concrètes lui permet ensuite d'accéder à la réversibilité de la pensée, qui permet de combiner mentalement deux opérations distinctes. La réversibilité de la pensée ouvre la possibilité de revenir aux opérations initiales d'une suite d'événements ;
– le stade des opérations formelles favorise finalement l'accès aux combinaisons de propositions abstraites pour créer des propositions nouvelles.

On voit donc comment, pour Piaget, c'est l'organisation du système mental qui détermine le type de solution proposée par l'enfant. Il convient toutefois de préciser que le schéma piagétien des connaissances a été largement complété par les découvertes de ces vingt dernières années. H. Wallon, puis Y. Hatwell et R. Case ont établi une nouvelle conception de la théorie des stades (voir B. Gibello, 1995). Par ailleurs, R. Lécuyer (1989, 1996) considère que l'intelligence est avant tout perceptive (les bébés étant capables de catégorisation dès l'âge de 3 mois) et sociale (le bébé puisant l'essentiel de ces informations dans ses interactions avec les personnes) ; remarquons que cette théorie vient contredire celle de Piaget.

La notion d'intelligence

En résumé, bien que la définition de la notion d'intelligence ait été longuement débattue entre les tenants de l'inné et de l'acquis, on peut dégager en termes généraux ce que recouvre cette notion.

L'intelligence s'exprime dans différentes activités de l'homme telles que la créativité, les apprentissages, le jeu, la pensée, les savoir-faire. Ainsi peut-on dire qu'elle correspond à des processus mentaux de base permettant l'adaptation à l'environnement et l'élaboration d'une pensée abstraite. Elle implique les notions de raisonnement, de résolution de problème, de prise de décision, de métacognition (la pensée sur la pensée), de planification, d'encodage de l'information et d'attention. L'intelligence se caractérise par des comportements où sont intégrées des stratégies efficaces qui permettent l'adaptation à des situations nouvelles et changeantes. Elle englobe aussi des habiletés telles que la capacité de manipuler des symboles, la capacité d'évaluer les conséquences de différents choix possibles et la capacité d'utiliser des connaissances pour les diriger vers le monde extérieur et les généraliser.

Les fonctions cognitives et intellectuelles sont donc deux dimensions psychologiques fondamentales : une grande part de la vie mentale repose sur elles. La façon dont une personne perçoit le monde physique et social, dont elle interprète les événements vécus, dont elle structure ses expériences ultérieures, et la façon dont elle se perçoit elle-même dépendent de l'évolution de ces fonctions. Ajoutons que la pathologie nous fait régulièrement observer que la qualité de ces fonctions dépend de la qualité des relations familiales précoces.

De manière générale, le fait de penser, communiquer des idées, des souvenirs, des projets à soi-même et aux autres, de comprendre le sens des événements qui nous arrivent, est lié à la capacité d'organiser sa vie, de la diriger, de prendre des décisions et des responsabilités. Bien que le développement cognitif ne soit pas régulier, c'est le seul système à n'être jamais susceptible de régression (au contraire de l'organisation affective). Le développement cognitif, à la base des apprentissages scolaires et sociaux, a une incidence fondamentale sur le devenir global de la personnalité de l'enfant et sur les significations attachées aux expériences vécues ; les relations familiales précoces influencent elles aussi considérablement le développement psychique et les processus du développement psychosocial.

Le traitement cognitif

Depuis quelques décennies, le rôle du traitement cognitif, dans les changements provoqués par les expériences psychiques et sociales, mobilise les chercheurs en psychologie de la petite enfance. Ces dernières années, la théorie des fonctions cognitives s'est particulièrement développée par analogie avec les procédures de l'ordinateur. Il s'agit de saisir la façon dont un individu comprend, se représente et traite les informations lorsqu'il doit résoudre un problème. Chez l'enfant, les processus de traitement en mémoire se développent en même temps que se développe son appareil cognitif ; des étapes spécifiques et précises permettent de réaliser tel ou tel type de tâche. Globalement, au fur et à mesure qu'il se développe, l'enfant traite une plus grande quantité d'informations, contrôle mieux son activité mentale, sélectionne plus efficacement les informations, et adopte des stratégies plus complexes. Cette question est fondamentale, bien que le rôle du seul traitement cognitif soit insuffisant à expliquer les pathologies.

Pour M. Rutter (voir C. Chiland et J.G. Young, 1990), il y a une intrication étroite entre processus et déficits cognitifs. Les événements survenus à une phase sont susceptibles d'avoir des implications dans les phases ultérieures. Reprenant des travaux récents, il fait apparaître quatre domaines réunissant les perspectives cliniques et développementales :

– le « système du soi » (*self-system*), ensemble de cognitions sur nous-mêmes, sur nos relations et nos interactions avec l'environnement, et qui se constitue en système de croyances ; cette théorie a surtout été proposée par les développementalistes. Le « système de soi » joue un rôle médiateur de qualités telles que l'estime de soi, l'efficience et le locus de contrôle. Nous réagissons tout autant en fonction de la réputation des autres, qu'en fonction de la façon dont nous percevons ceux-ci. C'est une réaction à des « percepts » et non pas simplement à des comportements immédiats. Par exemple, on aura fréquemment une réaction négative à la vue d'enfants habillés de manière ambiguë, voire à qui l'on donne des noms diamétralement opposés à leur sexe biologique ; la réaction sera la même vis-à-vis de gens considérés comme

agressifs en raison de leur comportement antérieur, même si, au moment présent, ils se comportent de manière prosociale ou soumise ;
– l'« attachement » : les psychologues de l'enfant soulignent maintenant à quel point les capacités cognitives des enfants règlent leur sensibilité à l'influence des différentes expériences de la vie. Par exemple, les très jeunes bébés sont moins affectés par des séparations d'avec leurs parents, parce qu'ils n'ont pas encore développé la capacité de constituer des attachements sélectifs durables ; au contraire, des enfants plus âgés, qui ont acquis la capacité de maintenir des relations tout au long d'une période d'absence, sont moins vulnérables aux effets néfastes de la séparation (voir chapitre 3, 3) ;
– l'« interprétation cognitive » : il a été prouvé que les expériences de la toute petite enfance entraînent rarement des séquelles psychologiques, à cause de la capacité limitée des bébés à traiter les expériences. De plus, J. Bowlby (1969, 1973, 1980) a fait valoir que la perte d'un parent dans l'enfance crée un ensemble cognitif négatif qui entraîne une vulnérabilité, et une tendance à réagir par la dépression à des pertes ultérieures. On voit donc que la détérioration durable du sentiment d'estime de soi, ou d'efficience de soi entraînée par la perte, est plus décisive que la douleur immédiate. De fait, le développement de la personnalité implique l'intervention de processus mentaux intrapsychiques dont nous pouvons ne pas être conscients. Les expériences psychosociales ont des effets majeurs sur le développement psychique de l'enfant ; les capacités cognitives croissantes des enfants leur permettent de percevoir différentes expériences de vie et d'y réagir. Par exemple, les jeunes bébés ne manifestent pas l'angoisse de séparation et la peur de l'étranger si caractéristiques, parce qu'ils manquent des compétences cognitives nécessaires pour apprécier les différences entre les personnes, et pour conserver des schémas en mémoire active et se souvenir du passé. La capacité d'anticipation à la fin de la première année est importante pour les émotions agréables (comme le jeu de cache-cache) et désagréables dans le cas d'une peur anticipée associée à l'expérience antérieure. De plus, les facteurs cognitifs influencent la « saillance » des expériences : les enfants de 3 ans sont dissuadés de toucher à un objet défendu si on en souligne la fragilité, mais ils sont relativement sourds à l'argument du droit de propriété. Par opposition, les enfants de 5 ans réagissent au fait qu'on leur dise que l'objet appartient à quelqu'un d'autre.

Nous savons, par ailleurs, que l'imagination, qui joue un rôle peu important dans les peurs des bébés, a au contraire un rôle capital dans celles des enfants plus âgés. De plus, les concepts de droit moral et de contrôle extérieur influencent également les réactions des enfants aux pressions extérieures. Par exemple, les enfants récompensés pour s'être livrés de leur plein gré à une activité sont plus enclins à perdre leur intérêt spontané pour celle-ci ; inversement, une punition tend à réduire le comportement perturbateur ; mais une punition injustement sévère peut augmenter celui-ci, et ce à cause de la prédominance du ressentiment ;

– les « troubles psychiatriques » : les cognitions ont une part importante dans la genèse et la prolongation des troubles psychiatriques, en particulier de la dépression, état cognitif caractérisé par une vue négative de soi-même, de la situation présente et du futur, et non simple état d'humeur extrêmement dysphorique. La croyance qu'a le sujet dépressif d'être impuissant à agir sur ce qui lui arrive empêche les actes par lesquels il pourrait « faire face » (*coping*) et mettre un terme à l'état dépressif. L'humeur dépressive est prolongée par les processus mentaux qui accompagnent l'humeur anormale.

Comme on vient de le voir, les cognitions représentent un facteur important dans la genèse et la prolongation des troubles psychiques. Nous allons nous attacher à définir plus précisément les formes que peuvent prendre ces troubles.

2.2 Troubles

Le fait que les processus de pensée jouent un rôle dans le développement de l'enfant et dans les troubles psychiatriques a été souligné et développé par l'ensemble des psychopathologues, et ce depuis fort longtemps. Cependant, des changements importants sont intervenus dans la manière de conceptualiser le rôle de ce que les cliniciens appellent « pensée » et ce que les développementalistes appellent « cognition ».

C'est la théorie de la psychologie développementaliste que nous allons présenter tout d'abord. Celle-ci définit la « cognition » comme l'ensemble des activités mentales impliquées dans nos relations avec l'environnement : autrement dit, la perception d'une stimulation, sa mémorisation, son rappel, la résolution de problème ou la prise de décision (C. Fortin et R. Rousseau, 1989). Mais ce qui est décrit en termes d'étapes de traitement par décomposition des processus mentaux (selon le modèle modularisé de l'intelligence artificielle) ne rend compte que d'une représentation particulière de la réalité. En effet, la psychopathologie générale, et plus particulièrement la clinique de la psychopathologie des apprentissages, nous indiquent que par exemple, lors du processus de prise d'information par un sujet, s'intrique une activité de nature fantasmatique venant le colorer, ou le parasiter, voire même l'empêcher (B. Gibello, 1984 ; M.-L. Verdier-Gibello, 1985, 1987). Que le sujet « fantasme » sur l'opération cognitive en jeu suppose le déploiement d'un travail intrapsychique de nature très particulière. S'y exercent des internalisations[5] sous forme de représentations (S. Lebovici, 1990).

La théorie psychanalytique, que nous allons maintenant exposer, considère ces représentations comme le fruit des projections identificatoires et des identifications introjectives médiatisées par la nature de l'angoisse ; le mode de relation d'objet se construit par le cheminement incessant des opérations défensives.

Ainsi cette pratique que l'on peut appeler « psychopathologie psychanalytique du cognitif » est le lieu où s'articulent l'objet perceptif et l'objet investi. Cette théorie analyse comment l'objet des représentations est une transformation de l'objet de la perception ou de l'hallucination, qui exprime l'« investissement pulsionnel » de l'objet du désir. L'investissement est pour la psychanalyse un concept économique ; il désigne le fait qu'une certaine énergie psychique se trouve attachée à une représentation ou à un groupe de représentations, une partie du corps, un objet (voir J. Laplanche, J.-B. Pontalis, 1967, p. 211). La notion d'investissement est constante chez S. Freud. Un autre concept central est l'exigence de « figurabilité ». Rappelons que la « figurabilité » est dans la théorie freudienne « l'exigence à laquelle sont soumises les pensées du rêve ; elles subissent une sélection et une transforma-

5. Le terme *internalisation* (d'origine anglaise) correspond au terme français « intériorisation »; il est synonyme du mot « introjection » qui constitue un processus psychique par lequel le sujet s'enrichit des qualités de l'objet (dans le cas de l'identification de l'enfant à un de ses parents, par exemple). Il s'agit alors, dans ce cas, du passage d'une relation intersubjective à une relation intrasubjective.

tion qui les rendent à même d'être représentées en images, surtout visuelles » (voir J. Laplanche et J.-B. Pontalis, 1967, p. 159). La figurabilité scénarise un drame (œdipien ou autre) qui institue dès lors la primauté du fantasme sur la perception. (S. Freud, 1900)

Autrement dit, il existe une articulation théorico-clinique et pratique complexe des rapports constitutifs entre l'objet de la perception (objet extérieur ou objet cognitif) et l'objet de l'hallucination (objet investi support des fantasmes ou objet libidinal). Actuellement, des chercheurs réfléchissent aux relations entre l'objet cognitif et l'objet libidinal dans le but de mieux comprendre certaines pathologies, qu'elles soient mentales ou somatiques, et de les traiter plus correctement.

Les troubles classiques

On distingue :

– les *déficiences* qui correspondent à une insuffisance de l'équipement mental à la naissance ou dans les années qui la suivent ;

– les *démences,* rares chez l'enfant, qui correspondent à une perte des capacités antérieurement acquises ;

– l'*inhibition intellectuelle* qui est une « limitation fonctionnelle du Moi » (Freud, 1926). Cette notion a été particulièrement étudiée par les psychanalystes qui se sont intéressés aux causes intrapsychiques des troubles d'apprentissage. L'inhibition dite « névrotique » implique que les fonctions intellectuelles soient correctes ; les limitations fonctionnelles, qui sont la conséquence de l'inhibition, sont l'expression de l'implication des mécanismes de celle-ci dans des conflits inconscients.

De nombreux travaux ont établi des équivalences de sens entre l'activité intellectuelle à différents niveaux et les réalisations pulsionnelles. Il y a peu de fantasmes dont on n'ait pas décrit un équivalent dans le registre intellectuel (acquérir des connaissances équivaudrait à incorporer oralement le sein, la mère, l'objet ; réussir un examen, ce serait s'emparer du phallus paternel ; faire des divisions équivaudrait à morceler le corps de la mère ; la soif de connaissance dériverait de la curiosité sexuelle infantile, etc.).

Mais l'activité intellectuelle peut être limitée par une interdiction du surmoi, en raison de significations pulsionnelles latentes.

Selon S. Freud (1927), « l'observation quotidienne nous montre que la plupart des hommes réussissent à dériver des parties très considérables de leurs forces instinctives sexuelles au service de leur activité professionnelle. L'instinct sexuel étant tout particulièrement approprié à de pareils apports, étant doué de la faculté de sublimation, c'est-à-dire de la capacité d'abandonner son but immédiat en faveur d'autres buts non sexuels, et éventuellement plus élevés dans l'estimation des hommes ». Le stade d'investigation sexuelle infantile et les théories sexuelles sont forgés par l'enfant dans une tentative de recherche intellectuelle indépendante en opposition avec les adultes. Cette période se termine par une poussée de refoulement, dont les manifestations sur le développement ultérieur de l'enfant peuvent, selon Freud (1927), revêtir trois aspects :

– l'inhibition névrotique, où la curiosité partage le sort de la sexualité et demeure dès lors inhibée ; le libre exercice de l'intelligence en est pour la vie entravé, associé à une puissante coercition religieuse de la pensée sous l'influence de l'éducation ;

– l'obsession intellectuelle, quand le développement intellectuel est assez fort pour résister au refoulement sexuel qui cherche à l'entraîner. La curiosité sexuelle est étouffée, déformée et entravée, mais demeure cependant suffisamment puissante pour sexualiser la pensée et colorer les opérations intellectuelles du plaisir et de l'angoisse d'origine sexuelle ;

– la sublimation[6], où le sujet échappe grâce à des dispositions particulières aussi bien à l'inhibition qu'à l'obsession intellectuelle. Le refoulement sexuel a lieu sans entraîner dans l'inconscient la totalité du désir sexuel. Au contraire la libido, en se soustrayant au refoulement, se sublime dès l'origine en curiosité intellectuelle et vient renforcer l'instinct d'investigation déjà puissant. L'instinct peut librement se consacrer au service actif des intérêts intellectuels, néanmoins marqués par le refoulement qui leur fait éviter les sujets

6. Dans l'œuvre freudienne, la *sublimation* prend le sens de la désexualisation d'une pulsion. Il s'agit donc d'un changement de but (pulsion transformée en tendresse) et de dérivation de l'énergie sexuelle ou agressive vers des activités socialement valorisées. Les travaux d'A. Freud (1952) et de l'école américaine ont permis de développer le concept de « neutralisation » de l'énergie psychique par « désexualisation » et « désagressivation », engendrant un fonctionnement non conflictuel des secteurs autonomes du Moi.

sexuels. L'intelligence est ici une fonction autonome, un fait d'évolution repris secondairement, quant à sa signification et sa dynamique, par le sexuel : d'où la possibilité d'inhibition ou d'inclusion dans un conflit névrotique.

M. Klein dans son étude *Le Rôle de l'école dans le développement libidinal d'un enfant* (1928) a montré les significations symboliques sexuelles de toutes les activités intellectuelles des enfants en début de scolarité (lecture, écriture, dessin, calcul). Elle se réfère dans ses interprétations aux différents niveaux du développement libidinal (oral, anal, phallique, œdipien). Les activités intellectuelles sont dynamisées par un processus de déplacement libidinal qui les rend possibles et qui est appelé sublimation alors qu'en même temps, elles sont rendues vulnérables par leur implication dans un conflit qui provoque leur inhibition.

L'inhibition est conçue comme un mécanisme de défense visant à éviter un nouveau conflit avec le Ça. Le Moi n'a pas le droit de faire ce qui lui apporterait profit et succès puisque la sévérité du Surmoi le lui a refusé. Le Moi renonce à ces activités pour ne pas entrer en conflit avec le Surmoi, et pour ne pas ressentir d'angoisse.

D'autres mécanismes, tels que l'appauvrissement en énergie disponible, interviennent lorsque le Moi est soumis à une tâche psychique d'une difficulté particulière, par exemple le deuil. La répression des affects marque la nécessité de contenir l'émergence incessante de fantasmes sexuels. La « stupidité névrotique » peut permettre de maintenir un lien régressif avec la mère, sans avoir à affronter l'angoisse et la culpabilité liées au désir de voir et de savoir. Ce type d'explication est fondé sur le sens libidinal latent de la fonction d'apprentissage : acquérir des connaissances revient à réaliser les désirs œdipiens de rivalité et de satisfaction libidinale ; l'usage des connaissances peut alors tomber sous le coup de l'interdiction du Surmoi, sans empêcher pour autant l'assimilation des connaissances.

De fait, la culpabilité et la crainte de castration dues à une sexualisation de l'apprentissage peuvent devenir une cause d'échec dans le cas d'une construction pathologique de la personnalité (voir chapitre 4, 1).

Les troubles des « contenants de pensée »

B. Gibello (1995) parle de *contenants de pensée* pour désigner des structures dynamiques inconscientes qui donnent sens à des contenus (idées, souvenirs, projets, anticipations). Il définit des « contenants de pensée archaïques » (cognitif, narcissique et libidinaux) avant le langage ; viennent s'y ajouter des « contenants de pensée langagiers » et des « contenants socio-familiaux-groupaux ». Ce sont des structures qui s'emboîtent ; à l'instar du modèle piagétien, ces structures sont nécessaires pour rendre intelligibles les échanges relationnels et les situations. Les contenants de pensée (structures linguistiques, logiques et fantasmatiques) sont inconscients, alors que les contenus de pensée (images, sentiments, mots ou énoncés complexes) sont conscients.

Les contenants de pensée sont donc des espaces psychiques ; lorsque leur structuration est anormale, les altérations se manifestent cliniquement par des troubles de l'intelligence. Ces espaces ou « enveloppes » psychiques reçoivent les impressions sensorielles et perceptibles du monde environnant et du monde interne (pulsion). Si ces espaces sont défectueux, nous observons des troubles importants de la symbolisation du temps et de la durée, de l'espace et des représentations mentales, ainsi que des difficultés d'apprentissage. Ces anomalies des contenants de pensée sont observables chez des sujets exempts de déficience mentale (c'est-à-dire qui ont un quotient intellectuel normal ou proche de la normale). Elles provoquent des retards d'organisation du raisonnement (ROR) et des dysharmonies cognitives pathologiques (DCP). Les retards d'organisation du raisonnement peuvent apparaître chez un enfant qui a un retard d'au moins quatre ans dans l'acquisition de ses structures logiques formelles (détectables par les tests piagétiens) et un QI dans les variations de la normale. Les dysharmonies cognitives pathologiques indiquent une hétérogénéité anormale dans l'acquisition des structures cognitives alors que le QI est normal. Par exemple, un adolescent de 14 ans peut réussir certaines tâches de son âge correspondant aux structures hypothético-déductives (logique formelle) mais il peut échouer à d'autres du niveau d'un enfant de 6 ans (logique concrète).

Cette catégorisation en « troubles des contenants de pensée » permet de repérer une de ces trois possibilités : soit une altération conjointe des contenus et des contenants de pensée (déficience mentale et démence), soit aucune anomalie des contenus ni des contenants (inhibition intellectuelle), soit aucune anomalie des contenus et une anomalie des contenants seuls (DCP et ROR).

Mais l'intérêt se situe au-delà de la sémiologie : ce modèle de compréhension indique au moins deux niveaux de fonctionnement indépendants à considérer ensemble. Cela permet d'avoir une idée précise de l'organisation cognitive d'un individu, et de pouvoir considérer concrètement les rééducations. L'adolescent d'un niveau opératoire concret limitera son champ d'activité mentale à l'action et ne pourra que difficilement appuyer sa pensée sur un système représentatif. Il sera tributaire des objets concrets perceptivement observés et ne pourra ramener à lui les objets absents éloignés dans l'espace et dans le temps.

B. Gibello précise que des interventions thérapeutiques spécifiques sur ces contenants de pensée peuvent les améliorer, les modifier et réorganiser l'ensemble structurel cognitivo-affectif de la personnalité.

Les troubles spécifiques

La *dyslexie* est le trouble spécifique le plus important (de 8 à 12 %). Il est souvent associé à une dysorthographie et il touche trois garçons pour une fille. Il survient chez des enfants d'intelligence normale et sans anomalie sensorielle (troubles visuels et/ou auditifs) ; ces enfants ont des difficultés dans l'apprentissage de la lecture et dans l'acquisition des sons. Il convient de remarquer que, chez l'enfant, la lenteur d'apprentissage et les erreurs de lecture sont fréquentes et banales. On ne pourra donc parler de dyslexie qu'après l'âge de 8 ans. C'est l'acquisition de l'automatisme de la lecture qui est touché, sans que par ailleurs l'enfant obtienne de mauvaises performances scolaires. L'enfant lit lentement syllabe par syllabe en distordant, additionnant ou omettant des mots, sa compréhension du texte est réduite, et il commet des erreurs importantes en dictée. On observe fréquemment des troubles associés tels que des retards de langage ; ce sont les troubles du langage du type difficultés de compréhension et non d'expression qui entraînent majoritairement une dyslexie-dysorthographie. Peuvent également se produire des troubles de la latéralisation (mauvaise latéralisation visuelle et/ou auditive), des troubles dans l'organisation spatio-temporelle (orientation droite-gauche, confusion de lettres identiques mais spatialement inversée telles que b et d, p et q, par exemple).

La *dysorthographie* se manifeste par une fréquence élevée de fautes d'orthographes dans un texte écrit. Comme nous l'avons dit plus haut, la dyslexie s'accompagne presque toujours de dysorthographie ; mais nous pouvons trouver des dysorthographies sans dyslexie. La dysorthographie va s'exprimer, à côté de fautes grossières, par des difficultés à différencier les homophones (ses/ces, sans/sen), à reconnaître les catégories verbales (levant/le vent), enfin à comprendre la structure de la phrase. L'enfant n'arrive pas à structurer le langage écrit dans un texte libre.

La *dyscalculie* est un trouble de l'apprentissage du calcul. L'enfant a du mal à manier correctement les nombres et à effectuer les opérations arithmétiques élémentaires telles que l'addition, la soustraction, etc. Il ne peut donc calculer les surfaces, les longueurs, les volumes, etc.

La *dysgraphie* se traduit par une mauvaise qualité de l'écriture (illisible ou lente), sans qu'il y ait pour autant atteinte neurologique ou intellectuelle. On a remarqué que l'organisation spatiale de l'enfant dysgraphique est déficiente. J. Ajurriaguera (1974) distingue cinq types porteurs de syndromes graphiques : les raides avec recherche de contrôle entraînant une tension ; les relâchés avec peu de troubles moteurs mais une écriture irrégulière ; les impulsifs avec une écriture peu contrôlée et impulsive ; les maladroits avec une très mauvaise qualité graphique ; et les lents et précis avec recherche de précision et de contrôle.

3. L'ATTACHEMENT

3.1 Développement

La problématique liée à ce thème est la suivante : doit-on considérer le lien à la mère comme un besoin primaire génétiquement déterminé ? ou doit-on le considérer comme un besoin secondaire ? La théorie psychanalytique a opté pour cette deuxième position : l'attachement ne serait qu'une pulsion secondaire, étayée sur le besoin primaire de nourriture. Rappelons que le terme d'« étayage » a été introduit par Freud pour désigner la relation primitive des pulsions d'autoconservation aux pulsions sexuelles. Les fonctions vitales fournissent une origine organique, une direction et un objet aux pulsions sexuelles. Ce n'est que secondairement que celles-ci deviennent indépendantes. En conséquence, Freud parle aussi d'*étayage* pour désigner le fait que le sujet s'appuie également sur l'objet des pulsions d'autoconservation dans son choix d'un objet d'amour. C'est ce que Freud appelle « type de choix d'objet par étayage » (voir J. Laplanche, J.-B. Pontalis, 1967, p. 148).

Il est à noter que Freud a théorisé les stades de la sexualité infantile à partir de faits réélaborés *a posteriori* par des patients adultes en cure.

C'est pour cette raison que des chercheurs comme par exemple J. Bowlby (1969, 1973, 1980), insatisfaits de l'interprétation psychanalytique, ont privilégié la méthode expérimentale. Les nombreuses recherches de ce psychanalyste l'ont conduit à élaborer une théorie à partir d'observations directes longitudinales d'animaux et d'enfants[7]. Pour ce faire, il a tenu compte des travaux de J. Piaget et de l'école hongroise[8] de psychanalyse : pour lui, la maturation et la structuration du comportement vont de pair. Il considère avec Piaget qu'un comportement organisé sur la base d'une intelligence sensori-motrice se développe pour laisser place à un comportement organisé sur la base d'une pensée symbolique.

La théorie de l'attachement formulée par J. Bowlby a rejoint celles de nombreux éthologues, qui ont comme lui étudié le concept d'attachement primaire.

Bowlby s'est appuyé sur la théorie du comportement instinctif, dont un cas particulier avait été proposé par K. Lorenz (voir J. Bowlby, 1954, 1962) chez l'animal, et défini sous le nom d'*empreinte* comme un mécanisme inné permettant au nouveau-né de suivre ou de s'agripper au premier « objet » mobile qu'il voit (généralement la mère). L'adulte remplit donc une fonction de protection, et tient le rôle d'un modèle permettant au petit d'identifier les membres de son espèce et de s'intégrer au groupe.

7. J. Bowlby a été le premier avec J. Robertson, en 1952 à utiliser le film comme moyen d'observation, en filmant des enfants lors de séparations.
8. L'école hongroise, représentée par S. Ferenczi, M. Balint, I. Hermann a élaboré la théorie du besoin de contact et de l'accrochage primaire à l'objet.

J. Bowlby s'est également servi des conclusions, tirées de l'observation expérimentale de bébés singes séparés de leurs mères, qu'ont formulées H. et G. Harlow (1960, voir S. Lebovici, 1983). Ces chercheurs ont montré que le bébé singe cherchait avant tout le contact et la proximité avec l'adulte. C'est l'expérience des « mères fil de fer » et des « mères fourrure ». Cette expérience consistait à séparer dès la naissance des bébés singes de leur mère biologique, et à les placer seuls dans une cage où se trouvaient deux leurres : l'un en peluche imitant la fourrure, et l'autre en fil de fer, pourvu d'un biberon. Les observations indiquèrent que ces bébés singes passaient la majeure partie du temps auprès de la « mère fourrure » et n'allaient sur l'autre que pour s'alimenter. Cette expérience a permis de démontrer que ces singes présentaient par la suite des troubles du comportement qui rendaient impossible leur réinsertion ultérieure dans un groupe.

Les travaux d'Ainsworth et Bell ont également prouvé qu'existe une liaison entre la sécurité de l'attachement et le développement cognitif.

S'appuyant sur l'ensemble de ces travaux, J. Bowlby a donc proposé la thèse suivante : l'attachement qui lie les générations dans les espèces vivantes existe chez l'homme ; l'attachement est sous-tendu par l'empreinte. La théorie de l'attachement rend compte de la manière dont les premiers liens s'établissent : une bonne base de sécurité permet de développer les fonctions cognitives. De fait, la sécurité autorise la déstabilisation, qui peut être comprise et intégrée ; celle-ci devient même partie intégrante des apprentissages cognitifs et mène le sujet au développement et à l'autonomie.

Avant les éthologistes, des psychanalystes, et plus particulièrement D. Burlingham et A. Freud (1949), ainsi que R. Spitz (1958), avaient constaté l'apparition de troubles importants du comportement chez les enfants privés de soins maternels ou séparés de leur parents. R. Spitz (1958) a développé les notions de « dépression anaclitique » et d'« hospitalisme ». Le syndrome que présentent tout d'abord ces enfants est le suivant : pleurs, puis indifférence, et enfin léthargie. La « dépression anaclitique » est ainsi nommée par R. Spitz en référence à la perte de l'« objet aimé » servant de support au développement de l'enfant, donc perte d'étayage. Ces troubles de l'humeur s'accompagnent de perturbations somatiques ; ce tableau clinique peut s'aggraver si l'enfant est privé pour une plus longue période (au-delà de cinq mois) de toute relation avec l'objet aimé tel que la mère. Il s'agit alors d'« hospitalisme ».

Dans son rapport pour l'Organisation mondiale de la santé (OMS), « Soins maternels et santé mentale », J. Bowlby a mis en lumière le rôle fondamental de l'attachement dans la genèse des liens affectifs de l'enfant.

M. Ainsworth (1969, voir B. Pierrehumbert, 1992) a « opérationnalisé » l'observation des « comportements d'attachement »[9] par la procédure de la *situation étrange*, qui repose sur un scénario fait de séparations et de retrouvailles. Cette situation permet d'évaluer les capacités d'un enfant âgé de 12 mois à chercher le réconfort auprès du parent, et d'y trouver une base sécurisante lui permettant secondairement de repartir explorer son environnement. Autrement dit, on étudie le degré de sécurité de son mode d'attachement.

Quatre types d'attachement ont été identifiés :

– l'*attachement secure* (type A) : l'enfant proteste lors de la séparation, tout en accueillant le retour du parent avec une expression de soulagement ; il recherche la proximité et l'interaction avec la mère ;

– l'*attachement insecure-évitant* (type B) : l'enfant laisse penser qu'il n'a pas besoin de réconfort ; il donne une impression de grande indépendance, il n'utilise pas le parent comme base sécurisante, ignore ou évite sa présence à son retour ;

– l'*attachement insecure-ambivalent* (type C) : l'enfant cherche le réconfort mais il se montre effrayé par la situation et s'accroche au parent ; il se montre anxieux et agité lors de la séparation ; il cherche le contact tout en essayant de s'en défaire dans un mouvement de colère, refusant d'être consolé, ou s'abandonnant à une détresse passive ;

– l'*attachement insecure-désorganisé/désorienté* (type D) : l'enfant montre des signes de confusion et d'appréhension à l'approche de la mère ou une attitude figée.

En résumé, le retour de la figure d'attachement soulage l'angoisse de l'enfant dit « secure », mais induit des manifestations d'angoisse, d'évitement, d'ambivalence ou de confusion chez les enfants dits « insecure ».

9. On parle du *Paradigme* de M. Ainsworth.

Ces différents types d'attachement ont une valeur prédictive sur le développement ultérieur de l'enfant. Par exemple, on rencontre chez les enfants « insecures » plus de difficultés scolaires, de troubles du comportement.

M. Main (voir B. Pierrehumbert, 1992) suggère que le type d'attachement est programmé et transmis à partir du type d'attachement qu'on peut observer chez la mère. Il y aurait continuité entre le comportement de soins maternels, les *patterns* relationnels au sein de la dyade mère-enfant, et le développement de l'enfant.

Les interprétations de type éthologique ont en effet leurs limites : c'est négliger une dimension fondamentale de toute activité humaine, qui est l'affectivité et la dimension imaginaire qui l'accompagne inévitablement. Nous avons vu que l'affectivité a une double composante, consciente et inconsciente. La mère s'adresse à son enfant réel mais aussi à un enfant imaginaire, perçu à travers ses projections inconscientes, mises en place à travers son propre développement et sa propre histoire infantile (S. Lebovici, 1983 ; voir chapitre 2, 5).

L'intérêt du modèle de l'attachement est patent sur le plan des facteurs de risque. Le problème est de savoir si l'on peut modifier un attachement pathologique, et si l'on peut infléchir des effets particulièrement néfastes de la transmission. On considère que les représentations qui sous-tendent le type d'attachement peuvent se réorganiser à partir du moment où, au sein d'un processus thérapeutique, le patient expérimente affectivement une relation sécurisante et « contenante » lui permettant d'explorer son monde interne. Une relation d'empathie contribue à forger des représentations nouvelles de soi et des autres, faisant ainsi apparaître des modes relationnels interactifs plus adaptés.

Remarquons qu'un attachement confiant (ou « secure ») ne protège pas contre toute forme d'angoisse ultérieure. C'est là qu'il faut compter avec le sexuel, et peut-être souligner que l'attachement est à l'autoconservation ce que l'autoérotisme est aux pulsions sexuelles. Qu'en est-il en effet de la conflictualité et tout simplement de l'ambivalence dont on connaît le lien étroit avec les fantasmes ? Il est dès lors difficile d'exclure le sexuel au profit de l'attachement ou le contraire. On ne peut donc pas totalement faire l'économie des théories psychanalytiques.

Dans la pratique, ces deux théories (psychanalyse et psychologie développementale) rendent compte de niveaux différents et nécessaires l'un comme l'autre à la compréhension de la psychologie humaine. La théorie de l'attachement soutenue par la perspective développementale permet de mieux comprendre les causes des pathologies du narcissisme ou des pathologies carentielles ; la théorie psychanalytique offre une explication aux pathologies névrotiques (explication elle-même validée par l'expérience de la cure) ; elle est aussi très utile pour l'étude des interactions précoces père-mère-bébé dans la mesure où elle « fournit un modèle pour les faire "travailler" » (S. Lebovici, 1991).

3.2 Troubles

L'enfant gravement privé des soins affectifs nécessaires à son développement va souffrir de ce manque d'investissement au plan global de sa personnalité. Il va en résulter des perturbations à la fois physiques, affectives, relationnelles et comportementales. L'intensité de ces perturbations définit la carence affective. L'insuffisance quantitative et qualitative du maternage de base (négligence, désintérêt, non-investissement, pathologie maternelle) à satisfaire les besoins fondamentaux de l'enfant, entraîne un retard affectif. Selon la nature de la privation, sa durée, l'âge de l'enfant au moment de la privation, l'intensité de celle-ci, la qualité du maternage, de l'attachement et des interactions avant la privation, et les potentialités propres à l'enfant, les effets de la privation seront plus ou moins ressentis.

J. Bowlby (1954, 1962, 1978) distingue trois types de carences :

– la *carence par insuffisance* résulte d'une situation où un bébé ou un enfant hospitalisé ou institutionnalisé ne trouve pas de substitut maternel et reçoit un maternage insuffisant ou non approprié entraînant alors de graves perturbations interactives (voir chapitre 3, 2 ; R. Spitz, 1958, dépression anaclitique et hospitalisme) ;

– la *carence par distorsion* est celle de l'enfant qui, bien que vivant avec sa mère, ne reçoit pas les soins suffisants, ce qui perturbe les interactions ;

– la *carence par discontinuité* s'installe suite à des ruptures répétées des liens avec la figure d'attachement, même si celle-ci donne à son enfant les soins adéquats.

Il est à noter que les dysharmonies interactives, fréquentes dans le cas d'une dépression maternelle, ont un impact évident sur le fonctionnement affectif de l'enfant. La plupart des travaux ont montré que le type d'attachement à 1 an des enfants de mères déprimées est différent de celui des enfants de mères non déprimées. Davantage d'enfants ont un attachement « insecure-ambivalent » ou « insecure-évitant » dans le groupe d'enfants de mères déprimées ; la majorité des enfants du groupe témoin exprime au contraire un attachement « secure ». De plus, l'engagement affectif des mères déprimées est plus restreint que celui des mères témoins ; on relève le même phénomène chez les bébés de mères déprimées par rapport aux bébés de mères témoins. Les expressions faciales, vocales, les positions, les mouvements corporels et la direction du regard sont plus pauvres et expriment un engagement affectif diminué de la part de l'un comme de l'autre. Les parents déprimés sont plus négatifs, intolérants et intrusifs avec leurs enfants. On a également constaté que les mères déprimées d'enfants âgés de 2 ans expriment plus de critiques, de désengagement, de manque de disponibilité envers les réponses de l'enfant et leur donnent en retour moins de chaleur.

Tous ces comportements parentaux ont une influence négative sur la construction du Soi de l'enfant. Par exemple, l'insensibilité parentale induit chez l'enfant colère et détresse ; au contraire, un comportement chaleureux, responsable et sensible des parents en interaction avec leur bébé fournit un contexte optimal à l'intérieur duquel le nourrisson peut apprendre à réguler efficacement ses excitations.

On voit bien que les effets des carences sont dramatiques sur le plan du développement et du fonctionnement psychique ultérieur, et que l'insécurité de base entraîne des failles dans le narcissisme. Bien souvent, l'individu ne peut que tenter de colmater ces failles tout en subissant malgré tout leurs effets destabilisateurs, voire même destructeurs. On peut relever plusieurs types de comportements : tout d'abord, le cas des personnalités *as if*, décrites par H. Deustch (voir J. Bergeret, 1974), ou des personnalités « caméléon » ; ces types de personnalités fonctionnent par des adaptations de surface qui sont davantage des « trucs comportementaux » que des défenses mentales correctes, et par un conformisme social étouffant toute originalité ; ensuite, le cas des personnalités caractérisées par le passage à l'acte délinquant, violent, ou suicidaire ; ou alors, c'est l'éclosion de phénomènes psychosomatiques (allergies, migraines, etc.).

Dans tous ces cas de figure, la pensée est désorganisée du fait d'une organisation œdipienne incomplète ; les relations interpersonnelles sont appauvries, dévitalisées, en tout cas souvent problématique. Ce type d'organisation correspond à ce groupe appelé « névroses de caractère » ou « état limite dépressif ». Au plan métapsychologique, l'individu a dépassé la relation duelle fusionnelle observée dans la psychose, mais sans avoir acquis une structuration véritablement œdipienne de statut génital. Remarquons que H. Kohut (1974) a reconsidéré l'abord thérapeutique des névroses de caractère aussi appelées troubles narcissiques[10]. L'expérience des psychanalystes a prouvé que les personnes souffrant de tels troubles ne bénéficiaient pas des effets thérapeutiques généralement obtenus dans le cadre d'une cure type[11]. L'interprétation de la répétition des conflits infantiles dans le transfert reste ici lettre morte : ces patients développent un transfert particulier qui a pour fonction de faire de l'analyste un objet grandiose[12] qui n'est autre que son propre soi ou *self-object*. Pour S. Lebovici (1991), « on peut traduire [le Soi-grandiose comme] le lieu de la projection et d'attachement pour un narcissisme secondaire insuffisamment protecteur ».

10. Les *troubles narcissiques* de la personnalité ont été étudiés par H. Kohut (1974) dont les travaux portent sur l'analyse du transfert de certains patients en psychanalyse. Le transfert idéalisé est une mobilisation de l'objet tout-puissant (les images parentales idéalisées) alors que le transfert en miroir mobilise le soi grandiose (projeté sur le thérapeute) qui s'extériorise cliniquement par une dévalorisation affirmée de soi.

11. La *cure type* correspond à la situation psychothérapeutique proposée par la méthode psychanalytique, destinée essentiellement à la cure des états névrotiques et reposant avant tout sur l'interprétation reconstructrice.

12. Le *Soi grandiose* correspond à un gonflement irréaliste du sentiment de Soi ou à une image grandiose et exhibitionniste de soi. En cure, le Soi grandiose idéalisé est projeté sur le thérapeute mobilisant un transfert en miroir.

4. La sexualité et la différence des sexes

4.1 Développement

En psychanalyse, le *narcissisme* (« par référence au mythe de Narcisse, ce terme définit l'amour porté à l'image de soi-même » ; voir J. Laplanche, J.-B. Pontalis, 1967, p. 261 sqq.) joue un rôle fondamental dans la constitution de l'identité. Le thème de *bisexualité originaire* a été introduit par S. Freud sous l'influence de W. Fliess pour désigner les dispositions sexuelles à la fois masculines et féminines originairement constitutives à tout être humain. Ces dispositions se retrouveraient « dans les conflits que le sujet connaît pour assumer son propre sexe » (voir J. Laplanche, J.-B. Pontalis, 1967, p. 49). Il est cependant difficile de concilier le thème d'une bisexualité *biologique* originaire et le thème de la « prévalence du phallus » pour l'un et l'autre sexe ; en particulier, les données biologiques sont insuffisantes à rendre compte de la théorie du « complexe de castration » qui prévaudra finalement dans l'œuvre de S. Freud. (voir chapitre 4, « Différenciation des sexes » ; voir J. Laplanche, J.-B. Pontalis, 1967, p. 50-51).

L'éthologie montre qu'on ne peut décrire « une psychologie (animale) caractéristique masculine ou féminine de caractère universel » (J. Ajuriaguerra, 1974). Il semblerait que la bisexualité réfère plus à une plasticité du psychisme humain quant aux rôles sociaux. L'orientation sexuelle du sujet est liée à l'attitude et à l'investissement dont il fait l'objet de la part de son entourage à la naissance et au sexe qu'il lui a attribué. La longue dépendance de l'être humain, et son immaturité génitale, le lient d'autant plus à son entourage, qui oriente en partie ses propres investissements. Il est nécessaire de différencier l'érotisme, qui inclut un nombre important de faits relevant principalement du plaisir subjectif, du génital, qui est localisé aux organes génitaux. Soulignons aussi que le génital est sexuel alors que le sexuel n'est pas nécessairement génital et que l'érotique fait partie du sexuel. En outre, la constitution de l'identité sexuée dépend de la place du social dans l'attribution des rôles et des statuts, et des fonctions attribuées à chaque sexe.

Pour certains auteurs, la différenciation sexuelle dans les rôles, activités et traits de personnalité est indicatrice des stéréotypes sexuels ; pour d'autres, ce sont les caractéristiques socialement prescrites comme féminines ou masculines qui priment. Les recherches sur les stéréotypes sexuels chez l'enfant sont fondées sur des hypothèses erronnées ; en effet, la moitié des travaux interprètent la préférence de l'enfant pour certains jouets comme l'expression d'une orientation sexuelle stéréotypée de la personnalité. L'erreur est de considérer qu'une seule dimension captée serait le reflet de l'ensemble de la personnalité. Il s'agit là d'une généralisation abusive, la recherche sur les rôles sexuels étant d'autant plus complexe que ces rôles sont multidimensionnels.

La différenciation des sexes

Il y a lieu de faire une distinction entre sexe de l'état civil, sexe génétique, sexe gonadique, sexe corporel, et sexe « vécu ».

– le *sexe de l'état civil* est une notion définie ;

– le *sexe génétique* : le noyau de nos cellules contient 46 chromosomes organisés en 23 paires. Chaque chromosome est constitué de notre code génétique particulier ; 22 paires sont de même type pour les deux sexes ; la 23ᵉ paire différencie l'homme et la femme. Le sexe mâle est hétérogamétique : la 23ᵉ paire correspond au chromosome 46 xy. Le sexe féminin est homogamétique : la 23ᵉ paire correspond au chromosome 46 xx. Le gamète mâle est le spermatozoïde alors que le gamète femelle est l'ovule. Ces gamètes sont produites par les organes sexuels aussi appelés gonades. Les gonades femelles sont les ovaires, les gonades mâles sont les testicules ;

– le *sexe gonadique* : les gonades apparaissent durant les cinquième et sixième semaines de la gestation et sont d'abord indifférenciées ; la structure des gonades, mâles ou femelles, et les gènes sexuels localisés sur le chromosome y dirigent la différenciation gonadique ;

– le *sexe corporel* désigne les caractéristiques sexuelles primaires (organes génitaux internes et externes) et les caractéristiques sexuelles secondaires (pilosité, sein, morphologie) ;

– le *sexe « vécu »* renvoie à l'« identité sexuée » et à l'orientation de la libido. L'« identité sexuée » est composée de l'identité de genre (conception psychologique et sociologique qui renvoie au rôle social) et de l'identité de sexe (biologique).

Le développement de la différence sexuelle

La découverte par S. Freud d'une sexualité infantile dont le rôle est majeur à la période de latence a été déterminant dans la compréhension de l'identité sexuelle. Quand l'enfant se reconnaît un sexe, il doit renoncer à l'autre et accepter de ne pas trouver avant longtemps un véritable objet de satisfaction sexuelle. C'est la période dite « de latence ». Cette période permet à l'enfant de se construire, en se tournant vers des activités socialement acceptées (voir la sublimation, chapitre 3, note 6. Rappelons que la sublimation est à l'origine de l'activité artistique et intellectuelle).

Pour S. Freud, l'organisation génitale vraie est absente jusqu'à la puberté. Chez l'enfant, le féminin et le masculin s'expriment dans une logique particulière qu'il qualifie de « phallique ». Freud part de la théorie selon laquelle la petite fille ne connaît pas son corps, si ce n'est par l'absence de phallus. Cette logique binaire conduit au développement d'une symbolique ou le féminin équivaut à l'adjectif « châtré », et le masculin à l'adjectif « phallique ». Cette notion amène Freud à développer le thème du « complexe de castration » : celui-ci est fondé sur le « fantasme de castration ». L'élaboration de ce fantasme vient « apporter une réponse à l'énigme que pose à l'enfant la différence anatomique des sexes (présence ou absence du pénis) : cette différence est attribuée à un retranchement du pénis chez la fille » (J. Laplanche, J.-B. Pontalis, 1967, p. 74).

Freud élabore également une différence théorique de la structure et des effets du complexe de castration chez le garçon et chez la fille : « Le garçon redoute la castration comme réalisation d'une **menace** paternelle en réponse à ses activités sexuelles ; il en résulte pour lui une **angoisse** de castration » (*ibid.*, p. 74). Chez le garçon, le complexe de castration marque le déclin de l'Œdipe, c'est le moment où s'actualise la fonction « interdictrice et normative de celui-ci », qui vient interdire à l'enfant l'objet maternel. Pour la fille, « l'absence de pénis est ressenti comme un préjudice subi qu'elle cherche à nier, compenser ou réparer » (*ibid.*). Le complexe de castration ouvre « la recherche qui la conduit à désirer le pénis paternel, il constitue donc le moment d'entrée dans l'Œdipe ». La petite fille se sent peut-être « davantage privée de pénis par la mère qu'effectivement châtrée par le père » (*ibid.*).

L'intérêt pour le corps et les manipulations sexuelles chez l'enfant

Pour revenir au développement de l'organisation et de la différence sexuelle, il est important de préciser que le rôle de l'autre est fondamental. En effet, c'est lors des soins corporels donnés par un autre que l'*infans* ressent du plaisir, plaisir diffus sur et autour des parties génitales. Selon J. Ajuriaguerra (1974), « les pulsions autoérotiques diffuses ou mal localisées et les fantasmes du plaisir attendu s'organisent autour et à partir des organes génitaux ». Suivant l'âge, l'intérêt sexuel sera différent. On verra se développer l'intérêt pour les jeux sexuels sur soi et les autres, la curiosité pour la procréation et la naissance, l'intérêt pour l'autre sexe. Vers 2 ans et demi, l'enfant sait qu'il est fille comme sa mère ou garçon comme son père et utilise les mots « fille » ou « garçon ». À 3 ans, il exprime un intérêt pour la différence anatomique entre les sexes et remarque les différentes postures pour uriner. L'enfant aime toucher (surtout le sein) et regarder les adultes. Vers 4 ans, on peut observer des jeux exhibitionnistes qui diminuent vers 5 ans. Des jeux sexuels de confirmation apparaissent vers 6 ans ; les premières histoires d'amour vers 7 ans ; les ricanements sur des questions sexuelles vers 8 ans ; l'intérêt pour les détails et les fonctions de ses propres organes, la gêne à l'égard de sa nudité, la séparation des sexes au cours des jeux vers 9 ans. Durant la période scolaire, l'enfant s'attache à des personnes plus âgées que lui auxquelles il s'identifie. À la post-puberté, se manifestent des attirances pour les personnes du même sexe, du même âge, et plus tard du sexe opposé. À 11 ans, les enfants sont conscients que la différence génitale est la caractéristique dominante pour distinguer garçons et filles.

La connaissance des organes sexuels est fonction de la perception sur soi ou sur autrui, ou de leur manipulation. Dès 1912, au colloque de Vienne, les psychanalystes acceptaient l'universalité de la masturbation infantile et refusaient de lui accorder une valeur pathologique. Avant l'âge de 1 an, on trouve des activités appelées « jeu génital », « activité autoérotique » ou « hédonisme anérotique » ; ces activités consistent en manipulations des organes sexuels, en balancements, manipulation et/ou ingestion d'excréments. Ce sont des activités rythmiques contenant des satisfactions nettes. On observe un arrêt de la masturbation autour de l'âge de 2 ans (érotisme anal), reprise vers 3 ou 4 ans avec le début de la phase phallique. Il y a une diminution de l'intérêt sexuel à la période de latence, mais, passée cette période, une recrudescence progressive du taux de masturbation s'observe à partir de 10 ans, s'élevant à 15 ans pour 80 % de la population. Ce taux est plus élevé chez le garçon que chez la fille. On a remarqué (voir J. Ajuriaguerra, 1974), sur une population de 49 garçons et en se basant sur l'observation des mères, que 53 % avait eu des manipulations génitales avant 3 ans. Sur 320 enfants à problèmes, 45 % des enfants de 1 à 14 ans se sont masturbés, et 54 % de ce groupe se sont masturbés avant l'âge de 5 ans. Chez 73 % des enfants, les parents abordent le problème de façon destructive (menaces physiques directes, en particulier menaces de préjudices causés aux organes sexuels). Huschka (voir Ajuriaguerra, 1974) fait toutefois remarquer que ces résultats sont en dessous de la vérité, puisqu'il s'agit seulement des cas où les parents n'ont pas oublié la masturbation de leur enfant et leur façon de l'affronter, et des cas où ces mêmes parents se sentent suffisamment en sécurité pour pouvoir raconter ce qui s'est passé.

Les activités autoérotiques et masturbatoires ne peuvent être comprises en dehors du développement de la personnalité qu'elles contribuent à former. Pour les parents, la masturbation de leur enfant réactualise en eux des problèmes anciens qu'eux même ont plus ou moins bien réélaborés.

4.2 Troubles

Troubles chromosomiques

Le syndrome de Turner (chez les filles) s'exprime par une morphologie de type féminine, mais un seul chromosome x est présent. La poussée des seins et les règles n'apparaissent pas, sauf si un traitement hormonal y pallie. Le syndrome de Klinefelter (chez les garçons) s'exprime par une morphologie de type masculine mais les organes génitaux externes sont atrophiés et il y a 3 chromosomes (2 x et 1 y). Le risque de troubles psychiatriques est plus grand chez les sujets atteints de ce syndrome que chez les tout-venants. Ces deux syndromes sont généralement associés à une déficience mentale plus ou moins importante. On trouve enfin des tableaux d'hermaphrodisme vrai qui englobent tous les types d'ambiguïté.

Troubles gonadiques

Ils sont de deux ordres :

– de type fonctionnel avec la puberté précoce : tumorale chez le garçon, freinateur hypophysaire engendrant un déséquilibre psychoaffectif, et fonctionnelle chez la fille avec les retards pubertaires au-delà de 17 ans (fille) et au-delà de 18 ans chez le garçon engendrant un syndrome d'inhibition-isolement ;

– de type organique avec le pseudohermaphrodisme masculin ou féminin associé à des problèmes complexes d'identité sexuelle : l'enfant est élevé dans un sexe civil correctement identifié (changement de sexe) ; le sexe social, assigné à l'enfant par les parents, constitue le pôle organisateur autour duquel s'affirme l'identité sexuée où il est préférable de maintenir ce choix.

Troubles psychologiques

L'évolution libidinale est progressive et s'oriente généralement vers un choix génital des rapports sexuels avec le sexe opposé à l'adolescence. Il faut être prudent dans l'évocation du diagnostic de *perversion infantile* comme trouble de l'organisation sexuelle, dans la mesure où il peut s'agir de l'expression exagérée d'une pulsion partielle par surinvestissement, d'une fixation, ou d'une régression à un stade antérieur. Toutes ces formes cliniques peuvent être transitoires, d'où la nécessité d'évaluer leur niveau évolutif global, leur souplesse ou leur rigidité. Néanmoins, lors de régressions ultérieures, il se peut que s'opère un retour vers ces formes de plaisir partielles.

La curiosité sexuelle constitue un élément majeur de la sexualité de l'enfant intrigué par la différence des sexes. Ce plaisir de voir est souvent culpabilisé, et mêlé à des sentiments de honte. La répression parentale exacerbe bien souvent ces affects, alors que la compréhension et des explications justes peuvent les atténuer. L'*exhibitionnisme* est fréquent et normal dans les jeux sexuels entre enfants du même âge ; c'est une façon de partager la curiosité sexuelle. De plus, l'attachement à des objets préférentiels (tissus, poupées) est courant chez l'enfant sans que l'on puisse pour autant parler de *fétichisme*. L'objet fétiche du nourrisson satisfait son plaisir oral et organise sa lutte contre l'angoisse de séparation. Il se substitue ainsi au corps de la mère et devient plus tard un objet transitionnel[13] (D.W. Winnicott, 1969). Néanmoins, il peut revêtir un aspect pervers, après la puberté, lorsqu'il devient une défense contre les excitations sexuelles ressenties à l'adolescence ; il peut provoquer des craintes identitaires et des angoisses corporelles floues et incontrôlables.

Le *travestissement* qui relève d'un désir de s'habiller avec des vêtements du sexe opposé – rappelons l'intérêt de l'enfant pour les vêtements – pose problème s'il devient un besoin chez l'enfant ou si celui-ci refuse de mettre les vêtements de son sexe. Chez le garçon, après la puberté, le travestissement peut servir une jouissance masturbatoire ; le signe précurseur de perversion s'établit généralement lorsque l'excitation sexuelle est clairement associée à l'acte. Mais il peut prendre un sens relationnel comme rechercher l'amour de la mère à travers celui d'une sœur préférée, ou répondre à ce que l'enfant perçoit comme la négation maternelle de sa virilité, il peut maintenir un objet d'amour perdu lorsque l'enfant l'identifie partiellement à lui.

L'identité sexuelle reste intacte dans le travestissement, mais il n'en va pas de même dans le transexualisme, qui correspond au sentiment précoce d'appartenir au sexe opposé. S'y associe alors un ressenti d'étrangeté à l'égard de son propre corps conjointement au désir intense de ressembler physiquement à l'autre sexe. Les garçons expriment leur féminité vers 2-3 ans ; ils ont une communication symbiotique à la fois physique et affective avec leur mère et ne présentent pas de signes de conflit œdipien. Des dépressions et des distorsions de la personnalité s'observent lorsqu'ils ne peuvent vivre leur « rôle de genre » (J. De Ajuriaguerra, 1974). Le transsexualisme féminin est plus rare, et il présente quasiment les mêmes caractéristiques que le transexualisme masculin.

Dans l'*homosexualité*, il faut distinguer l'expérience transitoire en tant que jeu sexuel et l'homosexualité latente avec attitudes prononcées de l'autre sexe

13. Les objets transitionnels sont les objets que l'enfant, au cours des deux premières années, investit (ours en peluche, châle, mouchoir, animaux divers, etc.). Ils sont le support de projections à travers lesquelles s'expriment les premiers mécanismes de défense. Ces objets transitionnels existent parce qu'un espace potentiel s'est développé; cet espace correspond au monde intermédiaire situé entre la réalité psychique intérieure ou personnelle et le monde réel objectivement perçu. Selon D.W. Winnicott (1969), « l'espace potentiel joint et sépare le bébé et la mère ».

adoptées par l'enfant et bien souvent associée à des troubles précoces parents-enfants. Dans le premier cas, l'enfant se désintéresse des jeux de l'autre sexe et le jeu sexuel est centré sur la puissance urinaire, la taille du sexe, etc., alors que dans le second cas, l'enfant endosse les attitudes sociales propres à l'autre sexe. Il peut alors s'agir de l'expression d'un doute sur l'identité de genre. L'identité de genre se constitue progressivement à partir de 2 ans jusqu'à la puberté, le choix définitif se faisant à l'adolescence. Des études montrent que 75 % des enfants souffrant de troubles de l'identité de genre deviennent homosexuels ou bisexuels à l'âge adulte.

Le *sadisme* et le *masochisme* se rencontrent régulièrement dans les fantasmes de l'enfant et l'un et l'autre sont indissociables. Le masochisme est une transformation du sadisme à cause du sentiment de culpabilité connotant l'acte sadique. Il correspond au retour de l'agressivité sur la personne propre ; il est appelé « masochisme secondaire ». Le sadisme de l'enfant se retrouve aux stades libidinaux (par exemple, mordre au stade oral, maîtriser au stade anal).

4

DÉVELOPPEMENT ET TROUBLES MOTEURS ET PSYCHOMOTEURS

1. Le contrôle sphinctérien

1.1 Développement

Au cours de la deuxième année, la maturation du système nerveux central favorise le développement du contrôle urétral et anal par la maturation neurologique et psychologique concomitantes. Les sensations intéroceptives de réplétion vésicale et anale sont perçues ainsi que des sensations de la muqueuse lors du passage de l'urine et du bol fécal. Ces dernières procurent des sensations de plaisir autoérotique (plaisir lié à la maîtrise du corps propre). Notons que la maîtrise sphinctérienne (retenir-évacuer) organise la maîtrise psychologique dans la relation à l'autre. Ce plaisir corporel et ce plaisir de fonctionnement sont liés à la relation avec la mère et à l'éducation dispensée par les parents. Deux types de plaisir sont expérimentés, celui de « détruire » et celui de « posséder ». Un traumatisme à cet étape peut provoquer une fixation par frustration et provoquer ultérieurement une régression (voir chapitre 3).

1.2 Troubles

L'énurésie

L'énurésie est fréquente puisqu'elle atteint environ 10 % des enfants, et deux garçons pour une fille ; c'est une miction involontaire et inconsciente. Dans le cas de l'énurésie primaire, la propreté n'a jamais été acquise ; dans le cas de l'énurésie secondaire, l'énurésie réapparaît alors que l'enfant avait acquis la propreté. L'énurésie est fréquemment nocturne ; elle peut être diurne et mixte, permanente ou intermittente ; elle est plus rarement associée à l'encoprésie (voir *infra*).

On considère l'énurésie comme un symptôme et non comme une maladie. Il est donc important de la resituer dans le contexte familial de l'enfant, dans la façon dont l'enfant se structure et se développe, et aussi en fonction des relations parents-enfant. L'énurésie peut avoir plusieurs significations : elle peut représenter aussi bien des satisfactions pulsionnelles que des défenses contre ces pulsions : une satisfaction passive (écoulement passif et/ou plaisir du mouillé) ou une satisfaction active de type agressif, sadique, masturbatoire avec expression d'un sentiment de puissance. Dans un cadre œdipien, elle peut être liée à des fantasmes génitaux et à l'angoisse de castration. Mais elle peut aussi satisfaire un besoin de punition et apporter des « bénéfices secondaires » de type régressif. (On parle ici de « bénéfices secondaires » au sens où il s'agit de satisfactions narcissiques liées à l'autoconservation, plutôt que de satisfactions directement libidinales.) Néanmoins, l'enfant peut souffrir autant de son symptôme que de ces bénéfices. Les réactions de l'entourage vont favoriser ou infléchir ce phénomène. Le degré de tolérance au symptôme conditionne le dégagement que l'enfant aura la possibilité d'accomplir ; la culpabilisation, les brimades adressées à l'enfant risquent d'entraîner un sentiment de honte provoquant un surinvestissement symptomatique, ou de faire entrer l'enfant dans un mode de relation pathogène. Les études génétiques sur les causes héréditaires, sur la profondeur du sommeil, sur l'hyperréactivité de la vessie montrent qu'il existe probablement des facteurs favorisants mais non déterminants. Il faut en outre différencier l'énurésie de l'incontinence qui est une miction involontaire mais consciente, à la fois diurne et nocturne, dont les causes sont neurologiques (atteinte médullaire ou centrale) ou urologiques (infection, obstruction, malformation).

L'encoprésie

L'encoprésie est la défécation sur soi, en l'absence de toute atteinte organique, après l'acquisition de la maîtrise sphinctérienne, c'est-à-dire après 3 ans. Elle est toujours pathologique à 4 ans et touche 3 garçons pour 1 fille. Elle est diurne. L'encoprésie nocturne est exceptionnelle, plus souvent secondaire que primaire, permanente ou intermittente. Elle est due à une rétention et les défécations surviennent soit lorsque l'enfant le désire, soit lorsqu'il ne peut plus se retenir.

La plupart des auteurs soulignent que le facteur de gravité est plus important pour l'encoprésie que pour l'énurésie. On la rencontre souvent chez les déficients profonds et dans les psychoses graves. Les attitudes de l'enfant sont soit l'indifférence avec minimisation ou négation, soit la provocation, soit la culpabilité. Il y a un aspect autoérotique de la rétention, un aspect d'opposition, et un aspect d'agressivité vis-à-vis de la mère (plaisir de dominer la mère et de maîtriser la défécation). On observe des cas de phobie de la défécation et des cas de syndromes dépressifs, souvent en réponse à un apprentissage précoce et rigide. La mère, souvent dépressive et rigide, est agressivement visée par la conduite encoprétique de l'enfant et ce, en réponse à « l'immixtion » qu'elle provoque dans son développement psychosexuel ; c'est ainsi qu'une relation sado-masochiste peut s'installer. Les pères rencontrés sont effacés et inhibés, intervenant très peu dans la relation mère-enfant.

Il ne faut pas confondre l'encoprésie avec la maladie de Hirschprung[1], avec l'incontinence anale due à des malformations ano-rectales, celle due à des syndromes neurologiques, et celle rencontrée chez les grands encéphalopathes[2] et, enfin avec le mégacôlon fonctionnel[3].

2. Les fonctions psychomotrices

Le terme « psychomotricité » a été introduit par É. Dupré au début du siècle. Cet auteur a mis l'accent sur la force des relations existant entre le développement intellectuel et les acquisitions motrices. J. Ajuriaguerra (1964) a, de son côté, insisté sur la valeur du « dialogue tonique » dans les ajustements mère-bébé.

1. La *maladie de Hirschprung* ou mégacôlon congénital se traduit par une dilatation d'une partie plus ou moins étendue du gros intestin, accompagnée d'une constipation tenace, d'une distension énorme de l'abdomen et d'une stase fécale (la stase est un arrêt de l'écoulement d'un liquide de l'organisme).
2. L'*encéphalopathie* recouvre différentes affections déficitaires de nature sensorielle, motrice, mentale, dues à des causes multiples (héréditaires, génétiques, neurologiques, etc.). Lorsque plusieurs déficits coexistent, on parle de polyhandicap.
3. Le *mégacôlon* est une dilatation anormale du gros intestin provoquée par l'accumulation des matières; il est souvent associé à l'encoprésie.

2.1 Développement

Pour que le développement psychomoteur se fasse normalement, le système nerveux central (SNC) doit être intègre ; d'autre part, l'acquisition d'une nouvelle structure est assujettie à l'élaboration des structures anatomiques dont la maturation s'effectue par paliers. Deux lois sont nécessaires au développement :

– *la loi céphalo-caudale :* le contrôle postural volontaire se développe du haut vers le bas du corps avec les muscles oculaires pour la poursuite oculaire, les muscles de la nuque pour la tenue de tête et les muscles du tronc pour la tenue assise ;

– *la loi proximo-digitale ou distale :* les muscles des racines sont sous contrôle volontaire avant les muscles des extrémités. On acquiert d'abord le contrôle du tronc, puis des bras, et enfin des mains et des doigts.

Si le développement ne se fait pas précisément selon ces deux lois, le sujet ne peut que souffrir de troubles.

La loi de différenciation indique que le développement se fait de la motricité globale vers la motricité fine. Globalement, la tenue de la tête est acquise vers 3 mois, la position assise commence vers 6 mois et se stabilise vers 8-9 mois alors que la station debout débute vers 8-9 mois et s'acquiert vers 10-12 mois. Les stades psychomoteurs se font dans le même ordre, mais il est important de rappeler qu'il existe une variabilité individuelle dans leur date d'apparition. Progression, stagnation, régression sont fréquemment rencontrés. Ils permettent de juger des variations de la normale puis des retards et des dysharmonies en pathologie.

On distingue généralement le développement de 0 à 2 ans et le développement après 2 ans. Un grand nombre de réponses du nouveau-né sont des réflexes archaïques sans contrôle cortical volontaire et actif, qui disparaissent au cours des six premiers mois et qui ont une valeur adaptatrice. Leur évolution et leur disparition sont le signe d'une bonne maturation ; leur persistance peut dénoter une atteinte neurologique.

Le réflexe de Moro ou « réflexe d'embrassement » se manifeste ainsi : les bras s'ouvrent symétriquement, les doigts s'étendent sauf l'index et le pouce, la tête est rejetée en arrière puis les bras se rejoignent ; sa persistance après 6 à 7 mois est pathologique. Le réflexe de fouissement (*rooting reflex*) ou d'orientation vers le sein permet au bébé de trouver le mamelon, il est suivi du réflexe de succion et de déglutition et il disparaît vers 3 semaines. Ces deux réflexes ont des incidences fondamentales au niveau des interactions mère-bébé sur le plan d'une reprise relationnelle, selon le sens que la mère leur donne. C'est ainsi qu'à partir d'un réflexe archaïque (l'ouverture automatique des bras par exemple), la mère peut comprendre que le bébé souhaite qu'elle le prenne dans les bras. S. Lebovici et R. Diatkine (voir S. Lebovici et M. Soulé, 1970) ont parlé d'« anticipations créatrices » pour signifier que l'intentionnalité maternelle est créatrice de vie psychique et d'intersubjectivité. Le réflexe de marche automatique apparaît dès la naissance. Lorsque le bébé est soutenu sous les aisselles, on observe un réflexe de redressement (que la pression plantaire peut aussi déclencher) ; ce réflexe disparaît vers 4-5 mois. Le réflexe de *grasping* se manifeste ainsi : la stimulation de la paume de la main ou de la face palmaire des doigts déclenche une flexion des doigts ; il disparaît vers 2-3 mois. Le réflexe tonique des fléchisseurs entraîne l'agrippement ; il dure jusqu'à la fin de la première année.

Au plan du tonus musculaire, le nouveau-né est hypertonique au niveau des membres ; cette hypertonie diminue vers 18 mois. Flexibilité et extensibilité augmentent le développement de la locomotion, de l'équilibration. Par contre, on observe vers 8-9 mois une hypotonicité axiale qui laisse progressivement place à un contrôle tonique des muscles du tronc facilitant le développement postural (contrôle de la tête, tenue du dos). La préhension suit l'évolution de la motricité : vers 5 mois, la main ratisse ; vers 6 mois, on observe une préhension doigts/paume ; vers 9-10 mois, l'enfant commence à pincer. La préhension permet à l'enfant de manipuler les objets après les avoir saisis ; la main devient le prolongement de la bouche.

Le développement locomoteur va permettre à l'enfant d'élargir son autonomie en régulant lui-même les mouvements d'éloignement et de rapprochement à l'égard de sa mère. L'organisation du Moi est liée à cette phase importante. On note que, vers 3 mois, l'enfant exerce des mouvements de mains devant ses yeux s'accompagnant de sensations de plaisir ; vers 5 mois, il peut se redresser ; vers 6 mois, il commence à ramper ; puis vers 12 mois, il acquiert la marche. Là encore les variations interindividuelles sont importantes. Le contrôle moteur va se développer progressivement et la dominance latérale va s'établir : le sujet préfère un côté, le droit le plus souvent. Cela est particulièrement net au niveau de la main mais aussi au niveau du pied et de l'œil. Chez le droitier, on observe une prévalence de l'hémisphère gauche dit dominant. Le phénomène est plus complexe chez les gauchers dans la mesure où l'on trouve des aphasies soit par lésion gauche, soit par lésion droite. Certains enfants restent ambidextres.

On distingue le schéma corporel de l'image du corps. Le schéma corporel est vu sous l'angle neurologique tandis que l'image du corps est la représentation du corps et son intégration corticale (données kinésthésiques sensorielles). L'enfant reconnaît différentes parties de son corps puis différentes parties du corps de l'autre. Vers 3 ans, il peut commencer à se représenter dans le dessin du « bonhomme » dont la qualité s'améliorera progressivement. L'image du corps ou corps « vécu », « subjectivement senti » est l'investissement du corps propre en fonction des investissements parentaux. L'organisation temporo-spatiale est en relation avec les expériences kinésthésiques et visuelles. C'est le corps qui est l'invariant majeur permettant à l'enfant de constituer les notions essentielles de bas et de haut, de devant-derrière, de dessus-dessous acquises avant 6 ans.

Ces différentes acquisitions constituent les pré-requis indispensables à l'apprentissage de la lecture et de l'écriture en même temps que se constitue la notion de temporalité et de rythme.

2.2 Troubles

Les retards psychomoteurs

Il s'agit d'un retard des acquisitions posturales et des troubles du tonus à type d'hypertonie. Plusieurs causes existent ; elles peuvent être somatiques avec toutes les atteintes du système nerveux central (SNC), intellectuelles dans le cas de déficiences mentales et/ou génétiques. Les causes psychiques sont de deux ordres, les psychoses précoces déficitaires[4] et les carences affectives

4. On appelle *psychose précoce déficitaire,* une psychose dont l'évolution est défavorable, dans la mesure où les troubles psychotiques évoluent et s'accentuent, malgré les efforts thérapeutiques. La socialisation ne se développe pas et l'enfant ne peut être scolarisé. Le tableau clinique est similaire à une déficience mentale mais ne saurait être confondu avec elle. Il s'agit plutôt d'un mode évolutif propre à la psychose où le développement, tant affectif que cognitif et social, se fige définitivement.

précoces[5]. Les signes précoces de psychose se caractérisent par une absence de sourire au 3e mois, par une absence d'anticipation au 4e mois, par un regard vide, par des troubles précoces de l'alimentation et du sommeil. Les carences affectives précoces quantitatives (avec séparation, placement) et qualitatives (avec perturbations des soins maternels) désignent les situations de privation de soins maternels vécues en bas âge. Ces situations provoquent un retard de développement affectif qui ne sera perceptible que plus tard, chez l'enfant et l'adolescent.

L'instabilité psychomotrice

On l'appelle aussi « syndrome hyperkinétique ». Il constitue un motif fréquent de consultation. Il touche 10 % de la population scolaire ; la majorité des enfants instables sont des garçons (de 75 à 90 %). Ce syndrome se retrouve à part égale dans toutes les classes sociales. L'enfant présente une activité permanente, n'arrive pas à fixer son attention plus de quelques instants, ne peut accomplir une activité suivie et épuise son entourage qui manifeste souvent des réactions d'intolérance. Il est fréquent que l'enfant de 2-3 ans présente un certain degré d'instabilité. Le symptôme peut traduire alors une intolérance de l'entourage, qui parfois demande à l'enfant de faire des activités qui ne sont pas de son âge. Il peut être isolé ou s'intégrer dans un tableau plus vaste avec troubles du langage et de la personnalité.

Il existe deux symptômes de base : l'agitation psychomotrice et les troubles de l'attention, qui induisent au plan du comportement impulsivité, excitabilité, labilité émotive, voire même troubles d'apprentissage. L'instabilité se rencontre dans les cas d'épilepsie, de maladies somatiques, de déficits sensoriels (cécité, surdité). Les causes des troubles de l'attention sont psychologiques et liées à l'angoisse et la dépression.

On peut considérer l'instabilité comme une défense contre des sentiments d'insécurité et de séparation, notamment chez les enfants qui ont subi une distorsion de la relation précoce et qui n'ont pas pu constituer une relation d'objet stable.

5. La *carence affective précoce* désigne la situation de l'enfant privé de soins maternels; elle peut être quantitative, qualitative ou les deux à la fois.

L'inhibition psychomotrice

Elle est souvent l'expression comportementale d'un tableau névrotique et se rapproche alors de l'inhibition psychique. Elle est très proche, au plan métapsychologique, de ce qui est observé dans l'inhibition intellectuelle (voir chapitre 3, 2.2).

Les troubles de la latéralisation

Une latéralisation tardive ou non homogène (œil, main, pied) est souvent associée à une mauvaise organisation spatiotemporelle et à une mauvaise représentation du schéma corporel. Elle peut être source de difficultés d'apprentissage du langage écrit. On parle alors de « dyspraxie ».

Les tics

Ce sont des mouvements involontaires brusques, soudains, répétés, irrépressibles, atteignant un muscle ou un groupe musculaire. Ils peuvent toucher la face, le tronc, les membres, les muscles respiratoires. Ils débutent vers 6-7 ans et présentent une évolution variable. La forme la plus importante est la maladie des tics, ou « maladie de Gilles de la Tourette ». Il faut différencier les tics des mouvements anormaux tels que ceux de la chorée (maladie nerveuse se manifestant par des convulsions et des spasmes musculaires) ou de l'athétose (maladie nerveuse se manifestant par des mouvements involontaires lents et ondulants, surtout des extrémités) des stéréotypies et des rythmies. L'examen complet de la personnalité et de la dynamique familiale est nécessaire. On retrouve ce symptôme dans les obsessions.

5

DÉVELOPPEMENT ET TROUBLES DES GRANDES FONCTIONS

1. Le sommeil

1.1 Développement

Chez le nouveau-né, la répartition des périodes de veille et de sommeil[1] est différente de celle que l'on trouve chez l'adulte : il n'y a pas encore deux périodes distinctes – la nuit et le jour – mais environ 7 à 8 périodes de veille s'effectuant le plus souvent le jour. La durée du sommeil est élevée : les besoins d'un nouveau-né en sommeil sont considérables. Malgré de grandes différences individuelles[2], on observe que la durée du sommeil diminue progressivement pour passer de 16 à 13 heures entre 1 an et 4 ans. On note une stabilisation à 9 heures entre 10 et 18 ans. La normalisation s'installe autour de 7-8 heures après 18 ans.

Les différents stades du sommeil sont décrits par des critères électrophysiologiques[3]. Le rythme veille-sommeil est constitué de cycles de trois à quatre heures pendant les premières semaines, jusqu'au 2e mois où se fait l'organisation périodique. Avant ce stade, les réveils nocturnes sont normaux. Entre le 2e et le 4e mois, le processus de stabilisation crée toutefois des décalages de type insomnie.

Le sommeil n'est pas qu'une fonction neurophysiologique : il dépend étroitement de la qualité des soins maternels. La continuité et la disponibilité émotionnelles de la mère conditionnent les régulations homéostatiques permettant une répartition correcte des excitations, des périodes d'activité et de repos.

1. Ces périodes ou cycles veille/sommeil correspondent à l'organisation périodique en 24 heures.
2. Dans le bilan des troubles du sommeil, L. Kreisler (1981) a beaucoup insisté sur la prise en compte des variations individuelles.
3. Ces critères électrophysiologiques définissent l'organisation structurelle du sommeil.

1.2 Troubles

Des facteurs environnementaux et interactifs peuvent être cause des troubles du sommeil ; l'âge de l'enfant et son organisation mentale sont également des critères importants dans l'appréciation de ces troubles. L'insomnie du nourrisson perturbe considérablement la vie familiale. L'exaspération parentale risque alors de majorer les problèmes initiaux. L'insomnie du premier semestre est souvent liée à des attitudes parentales incohérentes ou inadéquates ; l'insomnie de la deuxième année est liée à la difficulté à maîtriser l'angoisse de séparation.

L'insomnie

Elle figure au premier plan de la clinique du nourrisson. On distingue deux types d'insomnie : l'insomnie agitée et l'insomnie calme. Dans le cas de l'insomnie agitée, l'enfant crie et présente des manifestations motrices pouvant atteindre des formes graves : il peut aller jusqu'à se taper la tête avec les poings ou contre les barreaux de son lit. Dans le cas de l'insomnie calme, l'enfant reste éveillé, les yeux grands ouverts, immobile, absent, sans appeler et sans jouer. Il est à noter que ce comportement indique de profondes perturbations : c'est bien souvent le symptôme d'une psychose infantile. Les signes aggravants sont une grande agitation et un état d'insomnie prolongé.

Il faut tout d'abord rechercher les éventuelles causes organiques de l'insomnie : affections aiguës ou chroniques, générales ou neurologiques. La source peut en être certaines erreurs diététiques (des repas insuffisants ou au contraire trop abondants, par exemple), la suppression prématurée des repas la nuit, un horaire mal adapté, ou une durée insuffisante du temps de succion. Par ailleurs, il est fondamental d'apprécier la relation mère-enfant et surtout le risque d'inadéquation entre les besoins de l'enfant et les réponses maternelles. Il faut aussi évaluer les difficultés de la mère à apaiser l'enfant, soit du fait de son inexpérience dans le cas d'une mère primipare, soit en raison de ses propres troubles psychopathologiques. Il convient de distinguer les perturbations de l'endormissement des troubles du cours du sommeil.

• Les perturbations de l'endormissement
Il arrive à tous les enfants de refuser d'aller se coucher ou de s'endormir. Mais une telle attitude reste occasionnelle (événement familial, excitation, angoisse, désir de participer à l'événement). C'est la répétition de ce refus qui permet de parler de troubles.

Le *refus du coucher,* fréquent entre 2 et 4 ans ne marque bien souvent qu'une opposition aux parents : l'attitude de l'enfant, qui refuse d'aller au lit, qui se relève, ou qui veut rester dans le lit de ses parents, s'accompagne généralement de cris, de pleurs.

La *peur du coucher* ou de s'endormir exprime l'angoisse de l'enfant à être séparé de ses parents ; elle peut faire suite à des cauchemars ou à des terreurs nocturnes. La peur du noir, de même que les rites du coucher est banale vers 2-3 ans.

• Les troubles du cours du sommeil
Ils sont sous-tendus par l'angoisse et se manifestent de manière paroxystique sous diverses formes :
– les *terreurs nocturnes* provoquent chez l'enfant des cris et des hurlements ; il paraît se débattre contre des images terrifiantes. La présence de ses parents n'arrive qu'imparfaitement à le calmer ; le contact avec l'enfant est difficile. On observe conjointement différentes manifestations somatiques : sueurs, tachycardie, dyspnée. L'enfant ne garde aucun souvenir de l'épisode. Ces terreurs, uniques ou répétitives, sont souvent associées à une énurésie et/ou à des manifestations de somnambulisme ;
– le *cauchemar* s'exprime par un réveil angoissé : l'enfant pleure, appelle ses parents, et se calme assez facilement en présence de l'adulte. Le cauchemar survient couramment entre 2 et 6 ans ; au-delà, ce peut être le symptôme éventuel d'un trouble grave ;
– le *somnambulisme* est souvent associé à une énurésie. L'enfant se lève et déambule le regard fixe, puis il va se recoucher ;
– la *somniloquie* consiste à parler dans son sommeil ;
– le *bruxisme* ou *bruxomanie* consiste à grincer des dents.

Les différents conflits intrapsychiques qui parcourent le développement de l'enfant sont souvent à l'origine de ces troubles du sommeil. Le danger provient souvent des réactions exagérées des parents à leur égard.

L'hypersomnie

Elle est très rare et survient essentiellement chez le grand enfant et chez l'adolescent. Elle se manifeste principalement sous deux formes :

– la *narcolepsie*[4], qui est la survenue brutale et irrésistible du sommeil paradoxal généralement associée à la cataplexie[5] avec chute brutale appelé « syndrome de Gelineau » ;

– l'*hypersomnie* de l'adolescent, qui constitue fréquemment une défense contre l'envahissement de conflits intrapsychiques dus à cette phase critique du développement.

2. L'ALIMENTATION

2.1 Développement

La fonction alimentaire permet à l'enfant de satisfaire un besoin physiologique indispensable à la vie. Elle lui procure également du plaisir par le biais de l'excitation provoquée par la succion du sein maternel (mamelon ou biberon) et par la déglutition du lait dans la bouche et le pharynx. S'y associent la vue du visage maternel, le contact, la position, les caresses. La fonction alimentaire s'appuie sur la relation mère-enfant ; c'est souvent à travers elle que s'exprimeront les vicissitudes de cette relation précoce.

2.2 Troubles

L'anorexie de l'enfant

D'origine psychique, elle se définit comme une perte d'appétit, mais plus spécialement un refus de manger. Il faut toujours éliminer les causes organiques possibles. On distingue plusieurs formes d'anorexie.

• L'*anorexie* dite *primaire* est un refus d'alimentation. L'enfant ne sait pas téter, ne trouve pas le sein, ou s'en détourne. Dès les premiers jours de la vie,

4. La *narcolepsie* est une exagération pathologique du besoin de sommeil.

5. La *cataplexie* est la perte soudaine du tonus sous l'influence d'une émotion; elle est de courte durée et ne provoque pas de trouble de conscience.

on observe une attitude passive, des réveils précoces. Cette forme d'anorexie peut faire penser à une affection organique ; elle peut entraîner la mort et nécessite parfois une réanimation intensive. Elle figure fréquemment dans les antécédents d'enfants psychotiques.

• L'*anorexie du deuxième semestre*, moins grave que la précédente, est la plus fréquente ; elle survient le plus souvent entre 5 et 8 mois. Le sevrage peut en être la cause ; on l'observe aussi à l'occasion d'une maladie somatique. Lorsque l'enfant se laisse nourrir, puis garde la bouche ouverte, ne déglutit pas et laisse la nourriture s'écouler, il s'agit d'un refus passif. Lorsque l'enfant serre les dents, refuse la nourriture, pleure, il s'agit d'un refus actif. Ce refus entraîne chez la mère de multiples attitudes pour obtenir que l'enfant mange (séductions, forçage, etc.). Il renforce les craintes maternelles à l'égard de l'enfant et atteint la mère dans son narcissisme. Ce cercle vicieux peut se chroniciser. Cette forme d'anorexie peut être l'expression d'une perturbation de la relation mère-enfant surtout si l'enfant mange correctement avec d'autres personnes ; elle renforce alors le sentiment d'incapacité maternelle. Il faut aussi prendre en compte les difficultés psychopathologiques de la mère (phobies, obsessions, troubles anxieux, dépressions). La particularité de certains enfants sur le plan de l'équipement précoce engendre chez la mère des attitudes psychologiques réactionnelles. Il faut aussi considérer le défaut d'investissement du bébé en fonction des événements de vie entourant la conception, la grossesse et les circonstances actuelles et passées des relations du couple ; l'inadéquation maternelle, dans le cas des mères primipares, joue également un rôle. L'anorexie est souvent associée à des troubles du sommeil ou à un spasme du sanglot ; elle peut laisser des séquelles telles que des troubles du caractère et/ou des difficultés scolaires.

• L'*anorexie de la deuxième enfance*, après 30 mois, est plus rare et ne met pas toujours la vie de l'enfant en danger. Il s'agit généralement d'une attitude d'opposition franche associée à des caprices alimentaires inconstants.

Les vomissements

On distingue les vomissements psychogènes fréquents des vomissements organiques dus à une infection, ou bien d'ordre neurologique ou digestif. Les vomissements psychogènes sont souvent associés à une anorexie ou à des troubles du sommeil ; ils peuvent être spontanés ; ils peuvent être provoqués (doigts dans la bouche, contraction du diaphragme) ; ils peuvent, dans des cas particulièrement graves, s'accompagner d'un tableau de déshydratation aiguë.

C'est bien souvent en prenant en compte la dynamique familiale que l'on parvient à donner un sens au symptôme.

Le mérycisme

Le mérycisme se caractérise par une régurgitation du bol alimentaire par un jeu du pharynx et des muscles thoraco-abdomino-diaphragmatiques, puis par une rumination du bol. Rare, il apparaît au deuxième semestre et est plus fréquent chez les garçons. L'enfant est replié, le regard vide, étranger au monde, entièrement absorbé par cette activité. Il survient toujours quand l'enfant est seul. Ce trouble décrit au départ chez des enfants hospitalisés présentant une carence affective, survient aussi dans le cas de carence qualitative, chez des enfants vivant avec leur mère.

Les coliques idiopathiques du 1er trimestre

Elles surviennent huit à dix jours après le retour à la maison de la mère et du nourrisson. Celui-ci se met à crier après les repas et donne l'impression de souffrir. En général, la mère nourrit l'enfant qui s'apaise puis crie à nouveau. Ce comportement traduit une incompréhension des besoins de l'enfant par la mère, qui ne lui donne qu'une réponse alimentaire. Ce trouble est toutefois bénin et disparaît au 3e mois.

La boulimie

Souvent très précoce, la boulimie, qui est une impulsion irrésistible à s'alimenter, peut survenir à tous les moments de l'enfance et de l'adolescence. La mère témoigne à l'enfant son affection par le biais de la nourriture et celui-ci y trouve une réponse à ses angoisses. La boulimie se distingue de l'hyperphagie par son aspect compulsionnel et par son évolution par crises. Elle s'observe principalement chez les adolescents anorexiques et chez des enfants obèses[6]

6. L'obésité correspond à un excédent de poids d'au moins 20 % par rapport à la moyenne normale pour la taille. Des traits et des difficultés psychologiques ont été décrits : apathie, timidité, échec scolaire, énurésie, réactions colériques, attitudes de prestance.

mais aussi dans les conduites psychotiques où la nourriture fait partie des éléments délirants.

Les aberrations alimentaires

Le *pica* vient du latin « la pie », « l'oiseau omnivore vorace » ; ce comportement consiste à absorber des substances non alimentaires telles que la terre, les crayons, le papier, les clous, tout ce qui se présente. Entre 4 et 10 mois, cette aberration alimentaire peut se développer sans rapport avec l'élément exploratoire. Ce comportement s'observe dans les troubles graves de la personnalité : carences affectives sévères, déficiences mentales, psychoses avec des perturbations profondes de la relation mère-enfant.

La *coprophagie* ou ingestion des excréments est peu fréquente. Les jeux fécaux sont normaux entre 2 et 4 ans ; puis l'excrément est vite connoté comme un élément de dégoût. Au-delà, le goût pour les matières fécales traduit une perturbation profonde dans le rapport au réel, à soi-même, à son corps, à l'autre et plus spécifiquement à la mère.

3. Le langage

3.1 Développement

Le désir de communication est essentiel à l'acquisition du langage. En ce sens, le langage ne peut être étudié uniquement comme un instrument : il est une fonction structurante de l'organisation du Moi de l'enfant. Le langage comme communication existe avant sa phase linguistique proprement dite. Son acquisition est particulièrement intriquée à la relation de l'enfant avec son entourage.

Les conditions de l'acquisition du langage

Les travaux des psycholinguistes montrent qu'il existe des étapes identiques qui se succèdent chez tous les enfants. Les nombreuses théories sur le langage et son développement se recoupent sur un certain nombre de points :

– la maturation organique met en place les instruments indispensables à l'acquisition ;

– il existe une période privilégiée d'apprentissage du langage, qui dépend des facteurs de maturation, au-delà de laquelle les facilités seront moins grandes ;
– le langage apparaît dans des marges chronologiques très semblables chez les enfants, malgré les variations individuelles (premiers mots entre 8 mois et 20 mois, à 12 mois dans 75 % des cas). Les étapes de développement se font avec une grande régularité. Les variations peuvent toutefois être importantes dans le cas de perturbations dans l'acquisition ;
– il n'existe pas de parallélisme strict entre les différents niveaux du langage et ceux du développement moteur ou du développement affectif ;
– la capacité à acquérir le langage est inscrite génétiquement, mais le langage ne se façonne que grâce aux échanges interactifs avec l'environnement social, et aux échanges précoces mère-bébé ;
– la capacité d'audition doit être intègre : il faut entendre pour parler. Une hypoacousie importante (perte supérieure à 70 décibels) entraîne une impossibilité d'apprendre le langage spontanément ;
– la capacité de phonation doit être intègre. Les organes phonatoires sont nécessaires à l'émission du langage ;
– le système nerveux central doit fonctionner normalement. La lésion précoce d'un hémisphère cérébral n'entraîne pas de modification de l'acquisition du langage chez l'enfant, même s'il s'agit de l'hémisphère gauche. Si la lésion survient après l'acquisition du langage, elle peut entraîner une aphasie par lésion gauche (85 % des cas) et une aphasie par lésion droite (15 % des cas) ; cette aphasie se récupère facilement puisqu'il y a chez l'enfant une équipotentialité des deux hémisphères ;
– les échanges interactifs précoces avec l'entourage, et essentiellement la mère, sont fondamentaux. Le « bain de langage » est intense lors des soins ; les accordages affectifs (D. Stern, 1985) sont des communications non verbales, ils facilitent l'acquisition du langage. Les objets du monde commencent à exister dans la pensée de l'enfant parce que la mère les fait exister en les nommant. D.W. Winnicott avait identifié ce phénomène en l'appelant *Object presenting* (1969) ;
– les facteurs socioculturels ont une action sur le langage de l'enfant.

Les phases prélinguistique et linguistique

Présentons maintenant le développement des acquisitions au cours des phases prélinguistique et linguistique.

• *La phase prélinguistique*

Elle se situe entre 0 et 10 mois. La production du premier mot suppose que l'enfant ait acquis antérieurement une partie du système phonologique. La discontinuité entre les différentes étapes de l'acquisition semble bien moins importante que ce que l'on avait cru auparavant. Cette phase se caractérise par la production de cris, de jasis et par un babillage :

– les *cris* (0-2 mois) sont les premiers sons émis par l'enfant. Ce sont des formes élémentaires d'activité vocale, comprenant aussi les pleurs et les sons végétatifs. Précisons que la mère différencie les cris de son enfant, liés aux besoins fondamentaux, et comprend vite les types de cris (faim, appel, douleur, etc.) ;

– le *jasis* est aussi appelé gazouillis (2-4 mois environ). Il se compose de cris perçants et de roucoulements. L'enfant émet des sons qui ne correspondent pas aux sons de la langue, mais que la mère croît reconnaître. Le jasis survient pendant les périodes de bien-être et de détente. Il peut se produire après la tétée, en entendant une chanson, ou lors d'une activité relationnelle, visuelle ou exploratoire avec un objet ;

– le *babillage* est aussi appelé babil ou lallation (4-8 mois environ). L'enfant répète les sons formés de voyelles et de consonnes, il construit ainsi une chaîne sonore faite de combinaisons syllabiques. Mais il interréagit surtout vocalement avec son entourage ; il reprend des sons de l'entourage de façon écholalique, de même que la mère répète les sons du bébé dans une relation réciproque de plaisir. Ce jeu interactif plus ou moins harmonisé est fondamental à l'apprentissage linguistique et, dès le 6e mois, la langue imprime son influence sur l'activité vocale de l'enfant.

• *La phase linguistique*

Elle se caractérise par l'apparition de mots et de phrases, et de la syntaxe :

– le *premier mot* apparaît vers 10-12 mois. L'enfant abandonne les sons du jasis pour utiliser ceux de la langue. Il emploie des mots lui permettant de désigner les objets, les actions, et d'exprimer ses sentiments. L'acquisition du premier mot se produit entre 8 mois et 20 mois ;

– le *mot-phrase* apparaît vers 12-18 mois. À lui seul, le mot signifie toute une phrase. Ces mots-phrases sont liés à des contextes situationnels et constituent des liens entre l'enfant et les objets. Les éléments prosodiques indiquent la nature affective du rapport (tristesse, peur, plaisir, désir, etc.) ;
– la *phrase à 2 mots* apparaît vers 18-24 mois et se trouve être la première manifestation de la syntaxe dans le développement du langage. Elle consiste en la juxtaposition de deux mots (« mama pati », « bébé dodo »). La phrase à 2 mots laisse place ensuite à la phrase à 3 mots, etc. ;
– la *syntaxe* apparaît entre 2 et 3 ans. On observe un enrichissement du vocabulaire, une acquisition de plus en plus évoluée de la syntaxe sur le plan des phrases qui sont composées de sujet, verbe, complément avec indifférenciation du temps du verbe au début ; les adjectifs qualificatifs, les compléments circonstanciels et les locutions conjonctives font ensuite leur apparition. Entre 2 et 3 ans, l'évolution langagière est spectaculaire ;
– l'*apparition du « je »* vers 3 ans marque une étape essentielle dans la reconnaissance par l'enfant de son identité combinée à une maîtrise de la langue à un niveau quantitatif (stock lexical) et qualitatif (structuration de la phrase). Notons que cette acquisition du « je » est problématique dans les troubles sévères de l'organisation de la personnalité tels que les psychoses infantiles ;
– la maîtrise du langage ne se fera pas avant 5-6 ans. Le vocabulaire de l'enfant s'enrichit, ses phrases se complexifient et intègrent les principes grammaticaux fondamentaux.

3.2 Troubles

Les troubles du langage sont un motif fréquent de consultations. Il faut d'abord écarter les troubles d'origine organique, tels que la surdité. Les bilans d'évaluation sont pour ce faire essentiels.

Un bilan orthophonique précise les particularités de la parole et du langage au niveau de la compréhension et de l'expression. Un bilan psychologique précise les caractéristiques de la personnalité de l'enfant et son fonctionnement. Un entretien clinique permet de situer les relations précoces mère-enfant, ainsi que les investissements ou modes d'investissement de la langue et de la communication chez les parents. Il s'agit de déterminer si l'on est en présence de particularités du développement, ou d'un trouble important dans l'élaboration du langage rendant compte d'une pathologie majeure (dysharmonies évolutives, psychoses, parapsychoses ou prépsychoses).

Les troubles organiques

On en distingue différents types :

– *les troubles de l'audition* : l'atteinte auditive peut être totale (congénitale), entraîner une absence de langage et nécessiter des appareillages et des rééducations particulières. Elle peut être partielle (congénitale ou acquise) ; le trouble du langage sera alors fonction des fréquences atteintes. Ce cas nécessite également la mise en place d'un appareillage et une rééducation du langage ;

– *l'atteinte cérébrale* : toute atteinte de type traumatisme crânien entraîne des perturbations du langage telle que l'aphasie. On ne peut toutefois parler d'aphasie chez l'enfant que lorsque la lésion survient après l'acquisition du langage. La récupération du langage est remarquable et rapide. *L'infirmité motrice cérébrale* est une atteinte de la commande motrice qui peut même provoquer une impossibilité motrice. Dans ce cas, le langage est entravé à cause de l'atteinte phonataire et articulaire ;

– *l'atteinte des organes phonateurs* : elle peut être anatomique (par exemple, fente palatine) ou fonctionnelle (par exemple, atteinte de la commande motrice chez les infirmes moteurs cérébraux).

Les troubles de l'articulation

Ils sont de deux types : le *retard* d'articulation, où le phonème (élément sonore du langage parlé) n'est pas acquis, et le *défaut* d'articulation, où le phonème est acquis mais mal prononcé. Le trouble porte souvent sur la prononciation de certains phonèmes qui peuvent être remplacés par d'autres, altérés ou omis. Il touche surtout les consonnes, en particulier les consonnes constrictives (f, v, ch, z, j), et provoque différents types de sigmatisme :

– le sigmatisme interdental (mauvaise position de la pointe de la langue entraînant un zozotement ou un zézaiement) affectant le ch ou le j. Par exemple, « z'aime bien les sips » pour « j'aime bien les chips » ;

– le sigmatisme latéral (fuite d'air) entraînant le chuintement avec altération du ch, j, s et z (fuite d'air entre les dents et les joues) ou le jouyement (fuite d'air entre la langue et le palais avec altération du f et du v, c) ;
– le sigmatisme nasal où ces consonnes sont remplacées par un souffle d'air nasal.

On observe aussi le chuintement nasal, guttural, occlusif, et glottal. Un phonème non maîtrisé peut être remplacé par un autre, par exemple « regarde le beau tinton » pour « dindon ». Ces phonèmes peuvent être omis et ne sont alors pas prononcés.

On ne peut parler de troubles d'articulation que dans la mesure où un retard d'au moins un an est observé entre l'âge réel de l'enfant et l'âge moyen d'acquisition du phonème. La plupart des phonèmes ne sont acquis que vers 3 ans ; on ne peut parler de troubles d'articulation qu'après 4 ans. Au plan clinique, le trouble d'articulation peut être isolé ou associé à un trouble du langage. Il peut être source de conflits avec l'entourage lorsqu'il est mal supporté.

Les troubles de la parole

C'est un défaut dans l'organisation phonétique, que l'on appelle aussi *retard phonétique*. Les phonèmes peuvent être prononcés isolément, mais sont altérés lorsqu'ils sont associés. On note une difficulté d'association des phonèmes. Cette caractéristique différencie les troubles de la parole des troubles de l'articulation. L'enfant simplifie les phonèmes, et son langage est peu intelligible (par exemple, « je teu on ilet » pour « je veux mon gilet »). On ne parlera de retard de parole que devant la persistance du trouble après 3-4 ans. Ce trouble est souvent associé à un trouble du langage, mais il ne s'accompagne pas de troubles du langage écrit (dyslexie, dysorthographie).

Les causes de ces troubles sont probablement plurifactorielles : elles associent une faiblesse de la discrimination auditive et de la coordination motrice à une immaturité affective.

Les troubles du langage

L'atteinte porte sur la structure de la phrase dans ses composantes syntaxiques. On observe une mauvaise construction de la phrase, des omissions de mots, des liaisons défectueuses, un vocabulaire pauvre. L'atteinte syntaxique et linguistique se conjugue à des déficits en compréhension et en mémoire immédiate. Cette conjugaison va différencier le retard simple du retard associé. Celui-ci peut ultérieurement entraîner dyslexie-dysorthographie ou bégaiement, voire même aller jusqu'à la dysphasie, qui en constitue le trouble le plus profond.

• Le retard simple
C'est un retard dans les acquisitions qui se manifeste au niveau de l'expression. Il se juge sur le fait que la « phrase à deux mots » n'apparaît qu'après 3 ans. Ce retard bénin peut être dû à une carence du milieu familial et/ou à un trouble de la maturation cérébrale. Il n'induit pas de trouble de l'organisation de la personnalité. Une évolution favorable a lieu lorsque l'enfant entre à l'école maternelle et/ou lorsque l'on entreprend une rééducation orthophonique.

• Les dysphasies
Elles associent des troubles de la personnalité au retard de langage. Il s'agit d'une forme sévère de retard de langage. Ce retard n'implique aucune altération du potentiel intellectuel, mais des troubles graves d'organisation de leur pensée, des difficultés de mémoire immédiate (empan)[7], l'association d'une dyslexie et d'une dysorthographie. L'enfant présente des difficultés à distinguer les sons de la langue et la séquence des sons émis par l'autre ; la structure syntaxique est instable et immature, la grammaire incohérente ; l'enfant a du mal à trouver les mots pour exprimer ses pensées, et à nommer les objets, la compréhension se fait plus difficilement ; l'approximation des significations entraîne le recours à un jargon ; le mauvais décodage des symboles entraîne des difficultés d'apprentissage de la lecture. Le terme d'« audimutités » était autrefois utilisé pour désigner ces affections.

• Le mutisme
Il peut être total ou partiel, durable ou passager. Des événements de la vie de l'enfant chargés de sens sont souvent liés à ce trouble, puisqu'il s'agit de la disparition du langage chez un enfant qui a déjà parlé.

7. L'empan mesure la capacité de mémoire immédiate. C'est le nombre de lettres ou de chiffres qu'un individu peut réciter de mémoire dans l'ordre correct de présentation. On l'appelle « empan numérique ».

Le *mutisme total transitoire* ou *mutisme affectif* apparaît généralement à la suite d'un choc émotionnel. Sa durée est variable et peut aller de quelques jours, le plus souvent, à exceptionnellement quelques mois ou quelques années. Ce trouble peut s'accompagner de troubles du sommeil, de troubles sphinctériens, d'opposition ou d'inhibition. Le mutisme total peut être considéré comme un mécanisme de protection psychique contre l'effet traumatique inattendu, soudain d'un événement émotionnellement dense. L'événement peut aussi être lié à la transmission transgénérationnelle, à un secret de famille. Il est l'effet d'une sidération des mécanismes de liaison psychique impartie au Moi. Le mutisme peut être l'effet de la violence réelle comportementale et verbale de l'entourage dans le cas de maltraitance, d'abus. Dans d'autres cas, on peut le considérer comme un mécanisme de conversion hystérique.

Le *mutisme électif durable* s'observe souvent chez l'enfant de 6-7 ans qui refuse de parler à l'extérieur de la famille ou à certains membres de la famille (mutisme extra-familial ou intra-familial). Il survient aussi au moment de la première séparation avec le milieu familial, c'est-à-dire à l'école. On considère que ce type de trouble est l'expression d'un désordre plus important d'ordre névrotique ou psychotique.

Le mutisme électif peut revêtir des sens très différents. Le langage peut être investi comme outil agressif électivement centré sur une personne. Il prend alors une connotation de relation anale où une relation de domination-soumission s'enclenche. La colère projetée sur la personne s'exprime par le mutisme, mais cette stratégie prive l'enfant du plaisir de communiquer.

Le langage peut aussi être un outil d'exhibition. La surprotection maternelle n'autorise pas le développement d'un soi social suffisamment mature. L'environnement risque alors d'être vécu comme menaçant ou étranger. Cela pose la question de l'élaboration de l'angoisse du 8e mois et de la symbolisation du tiers paternel et du conflit œdipien, avec le passage de la langue intime à la langue sociale et partagée avec les pairs. Ce passage nécessite, pour l'enfant, de renoncer à la mère et surtout à la relation privilégiée qui l'unit à elle. Mais la mère, si elle trouve satisfaction dans le fait de continuer à « pouponner » son enfant, peut aussi ne pas souhaiter rompre cette relation. Le langage peut donc entraîner une « limitation fonctionnelle du Moi » (S.

Freud, 1926), et avoir des incidences sur les relations interpersonnelles parents-enfant.

• Le bégaiement
Ce trouble fonctionnel de l'expression orale affecte le débit et le rythme de l'élocution. Il est plus fréquent chez les garçons (4/1), apparaît entre 3 et 7 ans, et affecte 1 % de la population générale. Un événement peut l'avoir provoqué. Le niveau socioéconomique et le niveau d'intelligence n'influent pas sur son incidence.

Le bégaiement est provoqué par un spasme des muscles phonatoires. Il peut être *clonique* (répétition saccadée et explosive d'une syllabe souvent en début de mot) ou *tonique* (blocage dans l'émission d'un son avec difficulté à commencer un mot ou une phrase). Lorsque les deux formes existent, il s'agit d'un bégaiement *tonico-clonique*.

Le bégaiement s'accompagne de modifications neuromotrices et neurovégétatives. Le contexte, l'état affectif, le contenu du message et l'interlocuteur l'influencent. Il est sensible au vécu émotionnel (colère, etc.) et aux situations interpersonnelles. Les situations neutres le font disparaître ou diminuer.

CONCLUSION

Les méthodes d'observation modernes ont montré que l'enfant est un être en devenir, précocement compétent, actif et social. Il est aussi un être de désir. La psychanalyse a radicalement modifié les modes de pensée de la psychiatrie, de la psychologie et de l'éducation en montrant que l'histoire infantile organise le psychisme mais aussi les troubles mentaux ultérieurs. Elle se base sur le concept de néoténie[1] du nourrisson humain considérant que son équipement biopsychosocial, insuffisant à la naissance pour s'adapter à l'environnement, nécessite la prise en charge par l'entourage de l'ensemble de ses besoins physiques et psychiques. Or récemment, la psychologie de l'enfant a découvert que le bébé est doué de compétences puisqu'il développe toute une gamme de capacités face à son environnement ; elle s'est appuyée sur les travaux de M. Klein qui, dès 1930, considérait que le bébé avait une vie psychique et relationnelle propre.

Désormais les psychologues, qui ont quitté le faux débat entre l'inné et l'acquis, se questionnent sur la manière dont ces deux notions s'articulent, s'associent, se combinent pour donner un être particulier, fruit d'une organisation progressive somatique et comportementale dépendante du programme génétique et des matériaux et informations mis à sa disposition par l'environnement. Sachant que l'enfant, considéré comme unité biopsychosociale, est un être émotionnel et que ses émotions sont constamment modulées par sa vie, par sa biographie, et par les événements de vie.

Ce livre suit un découpage artificiel en fonction des références théoriques de l'auteur qui considère que les méthodologies ont leur spécificité et qu'elles ne s'opposent pas nécessairement ; leur objet d'investigation est alors différent, ou se situe à un autre niveau. À cause d'une exigence de rigueur, la recherche scientifique réduit et découpe une partie de la réalité en tentant de maîtriser les variables qui agissent sur le phénomène observé. Or, la pratique clinique envisage la personne dans sa globalité avec ses exigences propres et

1. La *néoténie* est la persistance de l'état d'immaturité physiologique du petit de l'homme.

différentes de celles du chercheur. Le psychologue praticien, dans son exercice quotidien, s'adresse à des personnes en proie à une souffrance psychique et sociale, avec ou sans handicap. Son outil principal est son propre appareil psychique. Il travaille aussi avec ses connaissances qui lui permettent d'avoir à l'esprit les éléments saillants et significatifs sur tel aspect du développement de l'enfant et sur les caractéristiques de tel trouble, éléments qu'il resitue secondairement dans une conception globale et historicisée d'un sujet en devenir.

BIBLIOGRAPHIE

1. Ouvrages de base

Ajuriaguerra J. (1974), *Manuel de psychiatrie de l'enfant*, Paris, Masson. Cet ouvrage est la synthèse fondamentale des connaissances actuelles sur la psychologie et la psychopathologie de l'enfant. Les fonctions, les grands syndromes et les thérapeutiques y sont abordés de manière concise et riche.

Beauchesne H. et Gibello B. (1991), *Traité de psychopathologie infantile*, Paris, PUF, coll. « Le psychologue ». Ce traité est à conseiller aux étudiants : il présente de façon didactique la psychopathologie générale, l'examen clinique, l'analyse sémiologique des apprentissages, l'analyse des troubles de la personnalité, l'étiopathogénie, la thérapeutique.

Bideaud J., Houdé C. et Pédinielli J.-L. (1993), *L'Homme en développement*, Paris, PUF. L'ouvrage fondamental de l'étudiant en psychologie ; on y trouve une synthèse remarquable des références en psychologie du développement et en psychologie clinique.

Brusset B. (1992), *Le Développement libidinal*, Paris, PUF, coll. « Que sais-je ? ». Petit ouvrage sur les stades libidinaux dans leur dimension à la fois objectal, narcissique ; essentiel si l'on veut saisir toute la complexité de la dynamique freudienne des stades.

Cloutier R. et Renaud A. (1990), *Psychologie de l'enfant*, éd. Gaëtan Morin. Manuel très complet fournissant des notions fondamentales de la psychologie de l'enfant telles que les théories du développement, les fondements biologiques du comportement, le développement prénatal, la naissance et la périnatalité, l'intelligence et les différences individuelles, la personnalité, le langage et la culture.

Gibello B. (1984), *L'Enfant à l'intelligence troublée*, Paris, éd. Paidos/Le Centurion, 4e édition. Un essai sur les hypothèses dynamiques de la pensée et de ses troubles dans une perspective intégrant l'apport piagétien et les connaissances en psychopathologie psychanalytique.

Golse B. (1992), *Le Développement affectif et intellectuel de l'enfant*, Paris, Masson, coll. « Médecine et psychothérapie », 3e édition. Livre intéressant qui recense et développe les concepts fondamentaux de différents auteurs, très utile aux étudiants.

Kreisler L., Fain M. et Soulé M. (1974), *L'Enfant et son corps*, Paris, PUF (2e édition, 1978). Ouvrage fondamental pour une compréhension dynamique de l'économie psychosomatique du nourrisson et du jeune enfant.

LANG J. L. (1979), *Introduction à la psychopathologie infantile*, Paris, Dunod, coll. « Psychismes ». C'est un manuel de psychopathologie qui permet d'approfondir l'étude sérieuse et précise du fonctionnement mental de l'enfant à travers l'étude clinique, et l'analyse structurelle. La position de différents auteurs est abordée à travers les exposés nosographiques.

LAPLANCHE J. et PONTALIS J.-B. (1967), *Vocabulaire de la psychanalyse*, Paris, PUF. Les concepts fondamentaux de la psychanalyse y sont abordés en prenant en compte leur évolution dans la pensée de Freud. Ouvrage essentiel.

LEBOVICI S. et SOULÉ M. (1970), *La Connaissance de l'enfant par la psychanalyse*, Paris, PUF, coll. « Le fil rouge ». Ce livre est une référence majeure en matière de psychanalyse de l'enfant ; des concepts comme la sexualité infantile, la reconstruction du passé de l'enfant, l'observation directe, l'éducation et la pédiatrie psychanalytique y sont développés.

LEBOVICI S. (1983), *Le Nourrisson, la Mère et le Psychanalyste. Les Interactions précoces*, Paris, éd. Paidos/Le Centurion. Document majeur très riche sur les compétences du nouveau-né et les interactions précoces, il montre les points de jonction entre l'observation directe et l'observation reconstruite.

LEBOVICI S., DIATKINE R. et SOULÉ M. (1985), *Nouveau Traité de psychiatrie de l'enfant et de l'adolescent*, Paris, PUF, 3 105 p. Ce manuel rassemble les contributions originales de cliniciens et de chercheurs qui font autorité. On y trouve une introduction, les moyens de diagnostic, les conséquences psychiatriques des dysfonctionnements cérébraux et somatiques, la pathologie suivant l'âge, et les aspects psychosociologiques de la pathologie.

LEBOVICI S. et WEIL-HALPERN F. (1989), *Psychopathologie du bébé*, Paris, PUF. Il s'agit d'un ensemble de textes écrits par différents auteurs spécialistes de la psychopathologie du bébé (la dépression maternelle, les troubles de l'attachement, les maladies somatiques, les handicaps, les aides thérapeutiques).

2. Pour en savoir plus

ABRAHAM K. (1924), *Œuvres complètes*, tome II (trad. fr.), Paris, Payot.

ANZIEU D. (1959), *L'Auto-analyse*, Paris, PUF.

ANZIEU D. (1985), *Le Moi-peau*, Paris, Dunod, coll. « Psychismes ».

AULAGNIER P. (1985), *La Violence de l'interprétation*, Paris, PUF.

BEAUCHESNE H. (1978), *Psychopathologie de l'enfant*, Paris, PUF, coll. « Le psychologue ».

BERGERET J. (1974), *La Personnalité normale et pathologique*, Paris, Dunod, coll. « Psychismes ».

BINET A. (1903), *L'Étude expérimentale de l'intelligence*, Paris, éd. Schleicher et Frères.

BOURGUIGNON O. et BYDLOWSKI M. (1995), *La Recherche clinique en psychopathologie : perspectives critiques*, Paris, PUF, coll. « Le fil rouge ».

BOWLBY J. (1954), *Soins maternels et santé mentale*, Paris, Masson, 2e éd.

BOWLBY J. (1962), « L'anxiété de la séparation », *La Psychiatrie de l'enfant*, vol. 6, n° 1, pp. 317-335.

BOWLBY J. (1969), *Attachement et perte*, vol. 1 : *L'Attachement*, Paris, PUF, coll. « Le fil rouge » (trad. fr. 1978).

BOWLBY J. (1973), *Attachement et perte*, vol. 2 : *La séparation, angoisse et colère*, Paris, PUF, coll. « Le fil rouge » (trad. fr. 1978).

BOWLBY J. (1980), *Attachement et perte*, vol. 3 : *Perte, tristesse et dépression*, Paris, PUF, coll. « Le fil rouge » (trad. fr. 1984).

BOWLBY J. (1992), « John Bowlby. L'attachement », numéro spécial, *Devenir*, (4) 4.

BRAZELTON T. B. (1979), « Behavorial Competence in the Newborn Infant », *Seminars in perinatology*, vol. 3, n° 1.

BRAZELTON T. B. (1981), « Comportement et compétence du nouveau-né », *Psychiatrie de l'enfant*, 24, 2, pp. 375-396.

BRAZELTON T. B. (1989), « Les Compétences comportementales du nouveau-né », in Lebovici S. et Weil-Halpern F., *Psychopathologie du bébé*, PUF, pp. 171-180.

BRUNET O. et LÉZINE I. (1951), *Le Développement psychologique de la première enfance*, Paris, PUF.

BURLINGHAM D. et FREUD A. (1949), *Enfants sans famille*, Paris, PUF (trad. fr. A. Berman).

CHILAND C. (1971), *L'Enfant de 6 ans et son avenir*, Paris, PUF.

CHILAND C. et YOUNG J. G. (1990), *Nouvelles approches de la santé mentale, de la naissance à l'adolescence pour l'enfant et sa famille*, Paris, PUF, coll. « Le fil rouge ».

DELAY J. et PICHOT P. (1965), *Psychologie*, Paris, Masson.

EMDE R. N. (1992), « Génétique des émotions (développement terminé et interminable) », in *Émotions et affects chez le bébé et ses partenaires*, éd. Eshel, pp. 59-132.

FREUD A. (1952), *Le Moi et les Mécanismes de défense*, Paris, PUF, 8e édition (trad. fr. A. Berman, 1975).

FREUD A. (1968), *Le Normal et le Pathologique chez l'enfant*, Paris, Gallimard.

FREUD S. (1900), *L'Interprétation des rêves*, Paris, PUF (trad. fr. 1967).

FREUD S. (1905), *Trois essais sur la théorie de la sexualité*, Paris, Gallimard, coll. « Idées » (trad. fr. Reverchon, 1962).

FREUD S. (1908), « Les Théories sexuelles infantiles », in *La Vie sexuelle*, Paris, PUF (trad. fr. 1969).

FREUD S. (1911), « Formulations sur les deux principes du cours des événements psychiques », in *Résultats, idées, problèmes*, Paris, PUF (trad. fr. 1984).

FREUD S. (1914), « Pour introduire le narcissisme », in *La Vie sexuelle*, Paris, PUF (trad. fr. 1969).

FREUD S. (1920), « Au-delà du principe de plaisir », in *Essais de psychanalyse* Paris, Payot (trad. fr. S. Jankélévitch, 1951).

FREUD S. (1921), « Psychologie collective et analyse du Moi » in *Essais de psychanalyse*, Paris, Payot, 1951 (trad. fr. S. Jankélévitch).

FREUD S. (1926), *Inhibition, symptômes et angoisse,* Paris, PUF.

FREUD S. (1936), *Nouvelles Conférences sur la psychanalyse*, Paris, Gallimard (trad. fr. A. Berman).

FREUD S. (1937), « Constructions dans l'analyse », in *Résultats, idées, problèmes*, Paris, PUF (trad. fr. 1985).

GIBELLO B. (1995), *La Pensée décontenancée*, Paris, éd. Païdos, coll. « Cogito ».

HARLOW H. et G (1960), « Primary affectional patterns in primates », *Journal of Ps. Orthopsychology*, vol. 30.

KERNBERG O. (1979), *Les Troubles limites de la personnalité*, Toulouse, Privat.

KOHUT (1974), *Le Soi*, Paris, PUF.

KLEIN M. (1928), *Essais de psychanalyse*, Paris, Payot (trad. fr. 1968).

KLEIN M. (1952), *Développements de la psychanalyse,* Paris, PUF (trad. fr. W. Baranger, 1966).

KLEIN M. (1969), *La Psychanalyse des enfants*, Paris, PUF.

KREISLER L. (1981), *L'Enfant du désordre psychosomatique*, Toulouse, Privat, coll. « Éducateurs ».

KREISLER L. et CRAMER B. (1981), « Les bases cliniques de la psychiatrie du nourrisson », *Psychiatrie de l'Enfant*, 24, 1, pp. 223-263.

LANOUZIERE J. (1991), « Le Surinvestissement visuel des enfants de mères déprimées », *Devenir*, 3, 2, pp. 33-50.

LAPLANCHE J. (1987), *Nouveaux Fondements pour la psychanalyse*, Paris, PUF, coll. « Quadrige ».

LEBOVICI S. (1960), « La Relation objectale chez l'enfant », *La Psychiatrie de l'enfant*, 3, pp. 147-226.

LEBOVICI S. (1980), « L'Expérience du psychanalyste chez l'enfant et chez l'adulte devant le modèle de la névrose infantile et de la névrose de transfert », *Revue française de psychanalyse*, 44, 5-6, pp. 733-857.

LEBOVICI S. (1990), « Le Psychanalyste et le développement des représentations mentales », *Psychiatrie de l'enfant*, XXXIII, 2, pp. 325-364.

LEBOVICI S. (1991), « La Théorie de l'attachement et la psychanalyse contemporaine », *Psychiatrie de l'enfant*, XXXIV, 2, pp. 309-339.

LEBOVICI S. et CASTAREDE M.-F. (1992), *L'Enfance retrouvée, une vie en psychanalyse*, Paris, Flammarion.

LEBOVICI S. (1993), « On Intergenerational Transmission », *Infant Mental Health Journal,* vol. 14, n° 34, pp. 260-272.

LEBOVICI S. (1994) « Les Interactions fantasmatiques », *Revue de médecine psychosomatique*, 37/38, pp. 39-50.

LEBOVICI S. (1996), « La Transmission intergénérationnelle (TIG) ou : quelques considérations sur l'utilité de l'étude de l'arbre de vie dans les consultations thérapeutiques parents/bébé », in *Les Relations précoces parents-enfants et leurs troubles*, éd. Médecine et Hygiène, pp. 83-94.

LÉCUYER R. (1989), *Bébés astronomes, bébés psychologues. L'Intelligence de la première année,* Liège-Bruxelles, éd. Mardaga.

LÉCUYER R. (1996), « Programmés pour apprendre », *Sciences humaines*, octobre, n° 65, pp. 18-19.

LEFEBVRE M. (1985), « L'Enfant-ancêtre », *Nouvelle revue d'ethnopsychiatrie*, 4, p. 69-85.

LOSSON M. (1988), « Petite enfance de 0 à 5 ans », in Lalonde P., Grunberg T. *et al.* (Ed.), *Psychiatrie clinique : approche bio-psycho-sociale*, Montréal, éd. Gaëtan Morin.

MAHLER M. (1967), *Symbiose humaine et individuation*, tome 1 : *Psychose infantile*, Paris, Payot (trad. fr. J. Léonard, 1973).

MARCELLI D. (1982), *Enfance et psychopathologie*, Masson, coll. « Abrégés », 5e édition.

MAZET P. ET HOUZEL D. (1978), *Psychiatrie de l'enfant et de l'adolescent*, vol. 2, Paris, Maloine.

MAZET P. et STOLERU S. (1988), *Psychopathologie du nourrisson et du jeune enfant*, Paris, Masson, coll. « Abrégés », 2e édition, 308 p.

NAGERA H. (1969), *Les Troubles de la petite enfance,* Paris, PUF.

PELSSER R. (1989), *Manuel de psychopathologie de l'enfant et de l'adolescent,* Montréal, éd. Gaëtan Morin.

PIAGET (1923), *Le Langage et la pensée chez l'enfant*, Neuchâtel, éd. Delachaux et Niestlé.

PIAGET J. (1976), *La Naissance de l'intelligence chez l'enfant*, Neuchâtel, éd. Delachaux et Niestlé.

PIERREHUMBERT B. (1992), « La Situation étrange », *Devenir*, 4,4, pp. 69-93.

RESNIK S. (1973), *Personne et psychose, études sur le langage du corps,* Paris, Payot.

ROBERTSON J. (1952), *Un enfant de deux ans vu à l'hôpital, film scientifique,* Londres, Tavistock Clinic.

SPITZ L. (1958), *La Première Année de la vie de l'enfant*, Paris, PUF (trad. fr. 1964).

STERN D. (1985), *Le Monde interpersonnel du nourrisson*, Paris, PUF (trad. fr. 1989).

STERN D. (1977), *Mère-enfant : les premières relations.,* Bruxelles, éd. Pierre Mardaga (trad. fr. 1981).

WALLON (1942), *De l'acte à la pensée*, Paris, Flammarion.

WALLON (1968), *L'Évolution psychologique de l'enfant,* Paris, A. Colin.

WINNICOTT D.W. (1969), *De la pédiatrie à la psychanalyse*, Paris, Payot.

ZAZZO R. (1960), *Les Jumeaux, le Couple et la Personne*, 2 vol., Paris, PUF.

ZAZZO R. (1981), « Unité et interdisciplinarité de la psychologie », *Revue de psychologie appliquée*, 2, pp. 131-181.

ZAZZO R. (1983a) « Pré-textes », in *Où en est la psychologie de l'enfant ?,* pp. 5-28, Paris, Denoël.

ZAZZO R. (1983b), « Entretien avec Anita Kechickian », *Le Monde de l'Éducation,* mai 1983, reproduit dans *Où en est la psychologie de l'enfant ?,* Paris, Denoël, pp. 269-277.

Imprimerie IFC - *Askréa* - 18390 Saint-Germain-du-Puy
N° édition 10044832-(I)-(2,5)OBST 80
Dépôt légal : juin 1998 - N° d'impression 98/671